片づかない！
どうする我が家、
親の家

ミドル世代の暮らし替え整理術

サマンサネット代表 **杉之原冨士子** 著

一般社団法人 日本ホームステージング協会 監修

クラブハウス

はじめに

「捨てられない」ことを責めないで

「みなさんは、あと15分で家が焼けてしまう時に、何を持って逃げますか？」
「あなたは老人ホームに持っていくひとつのトランクに、何をいれますか？」

私たち**サマンサネットは女性だけの整理屋さん**です。引越やリフォームの際の荷物の梱包や整理・収納を始め、片づけのプロとして、幅広い業務を行っています。

本書では、**人生の転換期であるミドル世代（40〜50代）からの暮らし替え**を提唱して、すぐ使える整理術、引越のノウハウを多く公開しています。

子供の自立、2人だけの夫婦生活の再開、離婚やシニア独身生活の準備、転職、職場からの引退、実家の相続、介護、帰郷…。さまざまな理由で、中高年世代の家族や生活のスタイルが変わる方も多いでしょう。セカンドライフのための引越を考える時期もこのころからです。

そんな人生の転換期での一番の悩みがたくさんの荷物をどうしたらいいか？　ということです。

巷では、たくさんの整理本が出ているのに、多くの家は、モノであふれています。

このままいくと、10年後には10軒に1軒は、モノで床が見えない家になるのではないか？　そう思うほど、引越や片づけの現場では、驚くほどたくさんのモノが、家のなかに入り込んでいるのを目にします。

特に**シニア層の荷物量は、すごいスピードで増加している**ように思います。また、人生の転機を迎える方の片づけだけでなく、40代の方は**「親の家を片づける」**ことも大変大きな課題になっています。

引越やリフォーム、片づけを通してたくさんのお宅に伺って感じる事は、年齢を重ねるごとに、片づけが面倒になり、モノを捨てられなくなっていく方が非常に多いという事です。もちろん、大きい物、重い物を捨てる事は身体的にも難しくなっていきます。

ですから、**特に50代からはすこしずつ片づけのカウントダウンをしてほしい**と思っているのです。

半世紀の間に少しずつ少しずつ家の中に入り込んできたモノは、整理本を買ったから、収納用品を買ったからと言って、そう簡単に捨てることはできません。

特に50代は人生の転換期。**人生の棚卸し**をするときです。

昔の思い出のモノが目の前からなくなってしまうと、
その思い出ごとなくなってしまうのではないか？

もう取り返しがつかないのでは？

そんな不安感や孤独感からモノを捨てられなくなることも多いのです。


それは、**そのモノには「昔、今、未来」があるからです。**

これはあの時に着たもの。

これは、またいつか使うかもしれない。


一度家の中に入ってしまったモノには愛着がわき、新しい次の行き先を決めることができず、**結局「とりあえずとっておく」**という選択をしてしまいます。生活を変化させるのはめんどうだし、腐るわけじゃないし…。そんな思いがふつふつと沸きあがり、決断を先送りし、放置状態になってしまうのです。

片づけの現場では、値札がついたまま、袋から出されていないモノが次から次へと、床の見えない地層から発掘されていきます。ブランドの箱に入ったまま10年以上眠っている洋服も出てきます。

モノを買うのは気持ちのいい行為です。しかし、それは買った時点で完結し、家に持って帰った時点で、そのモノに対する興味がすっかり無くなってしまったのでしょう。洋服が捨てられない理由には、買ったけど着ていない。だから、もったいなくて捨てられないということが多いのも事実です。

本書がめざす部屋は、インテリア雑誌のような美しい家でも、整理本のようなスッキリした部屋でもなく、**安全で住みやすい部屋**です。**シニア世代になって安全に暮らせる工夫と、探し物がなくなる収納ノウハウ**について書いています。シニアにとって安心・安全に暮らすことは、絶対条件だからです。

片づけてすっきりしたけど、何がどこに入っているのかわからないとか、**無理に捨てて喪失感が残ったり、「本当は捨てたくなかったのに！」という恨みが残ったりしては、**

何のための片づけなのかわかりません。

この本では**「モノを減らしてください。でも、捨てなくてもいいよ」**と相反することを書いています。

もちろん部屋の大きさには限りがありますので、当然減らさないと暮らしにくくなってしまいます。しかし、シニアにとって捨てることで不安に思うのであれば、それは捨てなくてもいいのです。

そのモノが目の前に見えなくても「屋根裏にある」「物置きにある」「トランクルームにある」と理解しているだけで安心できるのです。また、全部の部屋を片づけるのではなく、いつも使っている部屋だけを、自分や家族が分かるように片づければいいのです。

1. 必要なものがすぐ出てくること
2. モノにつまづいて怪我をしないこと
3. 使いきれる分だけ購入し、見てわかる収納にすること
4. すぐに取り出せる防災時の用意をすること
5. 大切な思い出の物がいつもそばにあること

シニアが目指す部屋は、この5つの絶対条件がそろっている部屋です。
60歳リタイアから平均寿命80歳の人生として、残り20年です。
その20年間に、必要なものをイメージしてみてください。
家のなかが空っぽの状態から、ひとつひとつモノを入れていきます。
やり方は簡単です。
自分にとって大事なものから、順番に部屋に入れればよいのです。

ふたりで食事するテーブルとイス。
本がゆっくり読めるゆったりした一人用のソファ。
かたわらには、思い出の写真と、思い出のモノ。

実は、私の思い出の箱には、息子の幼稚園のレッスンバッグが入っています。
入園式に向けて、一針一針手縫いで作ったパッチワークのレッスンバッグです。
その息子もすでに成人して家を離れていますが、このバッグを作ったころの、私の思いや息子の晴れやかな笑顔が、いまでも浮かんできます。この思い出は息子にとっては、どうでもいいものでしょうが、私にとっては大切な私のためにとってある宝物なのです。

そんなふうに、誰しも捨てられない、思い出のモノがあります。
どうぞ、その大切な思い出の物をいつでも取れる場所に飾ってください。
あなたの大事な20年間を過ごす部屋は、モノにあふれた部屋ではないはずです。

２０１３年　８月　サマンサネット　杉之原　冨士子

＊本書では、個人情報保護法によるプライバシー保護のため、文中の事例については、特定のケースを紹介したものではありません。業務上知り得た情報は全て破棄し、秘守されています。

2章　「ゆっくり引越をしたい」というニーズの発見
―主婦だけの整理屋さんの誕生　37

3章　片づけられない人たち　53

6章　サマンサのスッキリ引越術　187

1章

人生の荷物、段ボール何箱分ですか？

　モノがあふれる現代を生きていると、本当の自分が見えなくなっているのではないかと感じます。

　決められない、選べない、断われない、そして、捨てられない…。

　そんな毎日の積み重ねによって、本当に必要な大事なモノ、それがあると人生がいきいきと輝いて感じるモノが、全くわからない。

　闇の中に隠れているのかどこかに埋もれてしまっているのか、見つからない状態になっています。

　しかし、老人ホームに入るときに持っていける荷物は、たったトランク１つ分。

「本当にあなたの大事なものを選んでください」と言われたとき、あなたは何を選びますか？

1 ミドル世代の暮らし替え

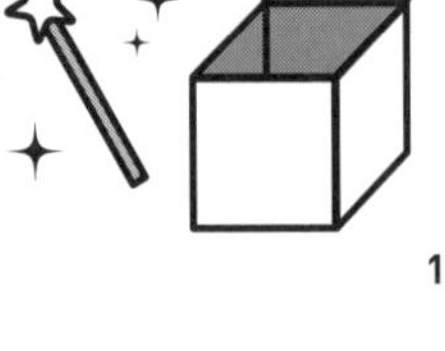

将来、リタイアしてからの時間を充実させるためには、今の現実と未来の状況を客観的に見る目と、想像力が必要です。

子どもの自立、2人だけの夫婦生活の再開、離婚やシニア独身生活の準備、転職、職場からの引退、在宅起業、実家の相続、介護、帰郷…。

さまざまな理由で、中高年世代の家族や生活のスタイルが変わる方も多いでしょう。

シニアライフへの準備のため、バリアフリー対策で家のリフォームをしたり、セカンドライフのための引っ越しを考えるのもこのころからです。

逆にこの時期を逃してしまうと、年をとるにつれ、気力も体力も続かなくなり、家の大掛かりな整理はできなくなってしまいます。片づけた後の理想の暮らしよりも、目の前の片づけ自体がめんどうになってくるからです。

引越でうかがうお客様からは、「もう2度と引越はしたくない、片づけるのがこんなに大変だと思わなかった」と疲れ切った顔でお話されることも多く、引越当日、体調をくずし寝込まれる方もいるくらいです。

また、自宅を離れ、老人ホームに入ることになるかも知れません。

どんなに荷物を持っていたいと思っても老人ホームにはトランク1個しかもっていけません

『自分は老人ホームになんか行かないから考えなくていいわ』

と思う方もいるかもしれません。

『もうこのままでいいわ、私が死んだら、全部廃棄でいいから…』

と、息子さんや娘さんに頼もうと思っているかもしれません。

でも、本当にそれでいいのでしょうか？

特に50代はこれからの人生とモノの付き合い方を、自分で選ばなくてはいけない時期です。

ストレスだらけで育児や仕事で時間に追われていた40代に比べて、**余暇時間が増加する50、60代は、ゴールデンエイジ（黄金世代）**といわれます。とくに、60歳で職場からリタイアしたあとの80歳までの「セカンドライフ」の時期をどう過ごすかによって、人生の色合いは大きく変化することでしょう。

現役の10万時間　労働時間＝1日8時間×300日×40年間
リタイア後の10万時間　自由時間＝1日14時間×20年間

仕事を一生懸命やってきた**現役時代の労働時間と、セカンドライフの自由時間は、どちらも10万時間で同じ**といわれます。（「定年後」岩波書店）

その、同じ10万時間をどんな風に暮らしたいですか？

あなた自身がそのライフスタイルを決める大きなカギを握っているのです。

つまり、50代からの暮らし替えとは、これからの**「20年間の人生を活かすための生活空間」**となる家、部屋づくりなのです。

2 ライフステージと荷物量の関係

人生のライフステージに合わせて必要な荷物の量は変化します。

次の図表は、**女性のライフステージと荷物の量**の変化を示したものです。**誕生したばかりのときは、裸で生まれますから、荷物はゼロ**です。でも、家族の待つ我が家に帰った日から、彼女の荷物はどんどん増えていきます。

幼稚園、小学校と成長に比例して、荷物はどんどん増えていき、やがて彼女は個室をもち、はじめて自分で自分の荷物の量を管理することを覚えます。学校生活に必要なランドセルや教科書から、洋服や趣味の道具、友達から回ってくる週刊のコミックマガジンやお化粧道具まで、成長にあわせて彼女の荷物は増加していきます。

大学生や社会人になるころには、新たなお気に入りの洋服や家具なども購入するようになっているかもしれません。

やがて経済的に自立し、**結婚。この時点で荷物はいっきに2人分**になります。

子どもが生まれると、家族が増えた分だけ荷物は増えていきます。

さらに、成長していくにつれ、荷物は増殖していき、**子どもたちが大人になり独立する直前、家の荷物量はピークを迎えます。**

そして子どもたちがつぎつぎに巣立っていくと、また夫婦ふたりの生活に戻ります。

やがてどちらかが先立ち、ひとりきりになり、いずれは彼女も天国に旅立ちます。

荷物量の変化のターニングポイントは、家族の増減です。本来は家族の人数に合わせた広さの住居に住み替えるのが一番なのですが、持ち家であればそうもいきません。意図的にライフスタイルの変化と荷物量をリンクさせていかなければ、家のなかには昔の荷物が滞留したままになってしまいます。

いくら目の前のモノに「もったいない」「捨てられない」と執着していても、**人は生まれるときも、この世を去る時も、手荷物はゼロ。**天国には何も持っていけません。

■女性ライフステージと荷物の増減（大きい変化は6年ごと）

0歳　赤ちゃん（ミルク、おむつ、ベビーウエア、オモチャ。段ボール1つ分くらい）

6歳　小学校入学

12歳　中学校入学

18歳　大学入学・社会人……**80**

24歳　独立、結婚……**90×2人**

30歳　長子誕生……**100×2人**

36歳　長子小学校入学

42歳　長子中学入学……**150×2人プラス子供分**

48歳　子どもが大学生・社会人

54歳　子どもが独立・結婚しご主人と二人暮らし……**120×2人**

60歳　ご主人・ご本人の仕事引退……**110×2人**

66歳　年金生活、孫が増える

72歳　孫たちが小学生……**110×2人**

78歳　男性の寿命平均・ひとり暮らし開始……**100**

84歳　女性の平均寿命　（遺品。段ボール1つ分）

＊80歳時点でのモノの量を100とした場合の変化予想で、数値は段ボール量ではありません

3 「火事です！ 大切なものだけ持って逃げてください！」

イメージ整理術 その1

「お隣が火事です！大事なものだけ持って逃げてください！」
「あと15分で家が焼けてしまうというときに、何を持って逃げますか？」

お片づけセミナーでは、受講者にこのような問いかけをします。

そして持ち出し品のリストを書いてもらうと、最初の3個くらいで思考が止まってしまう人が多いのです。

すぐに出てくるのは、現金、印鑑、銀行通帳、保険証・権利書、それと宝石などの貴重品の類。でも、そのあとが出てきません。

最初に浮かぶ権利書、通帳などは確かに大事ですが、そうした書類はあとで関係機関で再発行してもらうこともできます。

「もっと大事なものはないですか。二度と手に入らないもの…家族にとって本当に大切なものを荷物にいれなくていいのですか？」

たとえば、家族や子どもの思い出の品やアルバムなど、最初はリストアップされませんが、あとから、「ああ、そうだった、それは大切だわ」と思うのです。

このセミナーの目的は、**モノに執着し多くの物を持ちすぎているために、大事なものが見えていない自分に気づく**ことです。

片づけや引越のときは、「あれもいる、これもいる、全部捨てられない！」とモノを抱え込みますが、

「本当にあなたに大事なものを選んでください」と突き付けられると、とっさに大事なものがわからない、思い浮かばない。

自分にとって本当に大事なものを、人はぜんぜん認知できていないのです。

大事な物が認知できたとしても、ふだんから「印鑑はここ」「アルバムはここ」と整理されていれば、余裕を持って持ち出すことができますが、整理されていなければ、15

分で大事な物をすべて持ちだす事はできません。
特にお年寄りの場合、病院の診察券、保険証、年金手帳などの、すぐに必要なものが出せないというのは大変困ります。わかりやすい場所にまとめておいて、部屋に入ったらすぐに取り出せる状態になっていることが理想です。

あるご年配の方は、本当に大事なものを「風呂敷二つ分」にまとめられていました。その方は、日頃から「人生の思い出」や「重要なもの」を整理して風呂敷に包み、床の間に置いてありました。**自分にとって大事なものが取捨選択されていて、自分の身のまわりにあるということは、一番安心できる状態です。**

写真を段ボール箱いっぱいに保管していても、それを出して、すべてを見返すということはまずありません。それでは、持っていないのと同じです。それなら、お気に入りの写真を厳選してアルバムにまとめ、身近に置いて眺めているほうが、ずっと思い出を大切にできるのではないでしょうか。

大事なモノは人によっても、年齢によっても違います。「なにが大事なものかわからない」という人もいれば「記憶のなかにあるから、思い出のモノはいらない」という人もいます。まれに「全部いらないモノだった」という人さえいます。

あなたの本当に大事なモノは、なんですか？

■いざという時に持ち出したいモノ・リストを作成しましょう

モ　ノ	ある場所	誰
（例）アルバム	書棚	家族

4 サードライフは手荷物ひとつで

イメージ整理術　その2

次のイメージトレーニングは、究極の選択です。

「老人ホームに入るときに持っていける荷物は、トランク1つ分だけです。あなたはこのトランクに何をいれますか?」

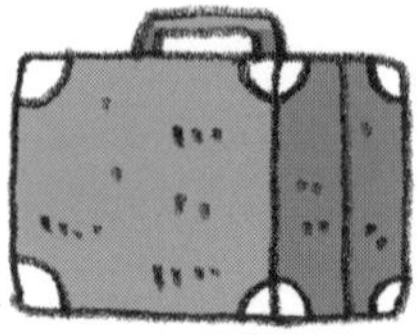

最近では、仕事の引退をきめたあとの**60代からの「セカンドライフ」**の次のステップとして、**70、80代からのホーム施設への入居以降の人生を「サードライフ」**と呼ぶそうです。

様々なタイプのサードライフ向けの居住施設が出来てきました。マンションタイプのホームや老人入居者が集団でシェアする戸建てタイプ等、多様な老人ホーム、介護ホームが登場しています。実際は、物件によって入居者の専有面積は変わってきますが、それでも、通常の新居への引越というわけには行きません。

このトレーニングでは、数十坪あったそれまでの自宅からホームに移る際、持っていける荷物はトランク1つ分だけと仮定します。そのトランクに入れるモノを書き出してみてください。

若い世代だと「ノートパソコン一つがあればいい。記念写真アルバムや、思い出のコンテンツもクラウドコンピューティングがあるから、手荷物はふだん着くらいでいい」ということになるかもしれません。しかし、サードライフになるとそうはいきません。

トランク一つに自分の愛着があるものをセレクトするというのは、とても苦しく、難

しい作業になるでしょう。しかし、65歳以上人口が3000万人時代になろうとする現在、目をつぶってはいられない現実となっているのです。

「介護付きマンションに引越したのはいいけれど、モノが多くて身動きがとれない」とSOSを求められるケースも増えてきました。

バリアフリーで、車いすのまま通れる廊下なのに、使っていない靴やバッグが置いてあって通れない状況だったり、せっかく座ったまま使える洗面台に、使っていない洗剤や錆びたスプレーが置いてあって入れなかったり、旧居から持ってきた大きな植木鉢があるために広いトイレも体を斜めにしないと入れない…そんな状況を目にすると、これからの生活をより快適に過ごすための整理は絶対に必要だと思うのです。

人生最後の時間を共に過ごすモノが、どのようなものなのか。

どんな気分でそのときを迎えるのか。

イメージトレーニングで体験してみることで、改めてモノとの付き合い方を考える事が出来るようになるでしょう。

5 幸運を招く部屋を、イメージしましょう

イメージ整理術　その3

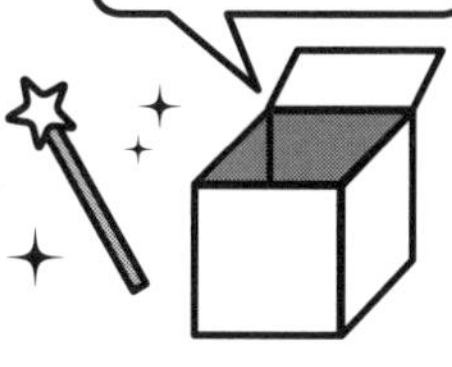

やさしいがゆえに、モノをもらったり、買ったりしてしまい、それが片づかない原因になってしまっている方がいます。

モノは「受け入れてくれるやさしい人に集まりやすい」のです。

道で配っているティッシュやチラシを、ついもらってしまう。

デパートで試食したり、おすすめされたりすると断われず、不必要なものまで買ってしまう。

あるいは、友人や知人からいろいろなものを「おすそわけ」され、いただきものを処分できない。

使わない家具、サイズの合わない洋服、バラバラの食器・・そんな他人のガラクタを押し付けられても「せっかくくれたのに悪いから」と捨てられない。

かくして心やさしき人の家のなかはモノであふれて、モノに溺れそうになってしまうのです。

しかし、やさしいということは、裏を返せば自分でものごとを決められない、頼まれたら断れない、という優柔不断な性格である場合があります。

こうした「やさしすぎることわれない方」に必要なのは、**「自分自身の願望や理想をハッキリ意識する」ということです。ただ思っているだけでなく、紙に書き出してみるとより効果的です。**

何を食べたいのか。何が好きなのか。

好きな洋服は？　好きな音楽は？

どんな部屋が好きで、どんなモノが置いてある生活が理想なのか。

部屋を片づけたら、何をしたいのか。

ゆっくり時間をかけて、自分自身を見つめ直しましょう。

自分にとって大切なモノや**「こんな部屋、こんな家にしてみたかった」**という趣味やセンス、好き嫌い、忘れていた夢や願望、希望が少しずつ見えてきます。

「何も浮かんでこない」「逆に、カオス（混沌）でまとまらない」という人は、部屋と同じ。頭やココロが混乱して、未整理な状態なのかもしれません。

2章

「ゆっくり引越をしたい」というニーズの発見
――主婦だけの整理屋さんの誕生

元来片づけが苦手だったふつうの主婦が、なぜ整理やお片づけの仕事をするようになったのか？「片づけ・整理」サービスと、「引越の梱包」を組み合わせた「仕分け梱包」というサービスを生み出したサマンサネット誕生秘話をご紹介します。

6 ちょっと短時間だけの事務パート…そこからすべてが始まった

整理・片づけのお仕事をしているというと、根っからの片づけ上手な人間だと思われることが多いのですが、実はそうではありません。

確かに片づけ好きが高じて整理・片づけの技を極め、プロになる方もいますが、**私は、元々は片づけが大の苦手でした。** 小学生の時、通知表に〝整理整頓ができない〟と書かれたほど、子どもの頃から整理下手だったのです。

結婚して子どもが生まれ、育児に追われる毎日になってからは、あっという間に子どものモノが増えて、部屋にあふれていました。

「この時期はだれでもこうなるでしょ。しかたない、幼稚園に入ったら、時間が出来るから片づけられるようになる」

そんな風に自分にいいわけをしていましたが、幼稚園に入っても、状況はあまり変わ

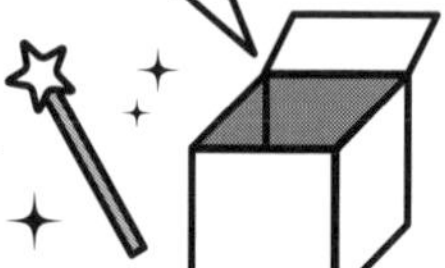

りませんでした。

そんな私がどうして片づけの仕事を始めることになったのか。

それは、子どもの小学校入学を機に、近所の運送会社で短時間の事務パートを始めたことがきっかけでした。

その後、事務パートから営業部に異動し、「引越見積業務」を担当するようになりました。お客様のお宅にお伺いし、お荷物の量をみながら引越費用がいくらになるか、お見積もりを出す仕事です。

そのうち、引越を依頼されるお客様から「梱包もお願いしたい」とオーダーされることが増えてきました。「おまかせパック」などの名称で、引越の梱包から荷解きまでセットにした新サービスのCMが流れはじめたころです。

しかし､梱包の仕事に対する時代のニーズが増してきていたのに､梱包サービススタッフへの教育はまだ行き届いていませんでした。それまで梱包は裏方の仕事だったので､梱包のスキルはあっても、お客様への接客応対に慣れていなかったのです。

お客様からのクレーム対応に追われているうちに

「こんな作業をされるくらいなら私が自分でやる！　私自身が梱包作業に行こう！」

そう決意し、営業の仕事と梱包の仕事、両方を一人でやるようになっていきました。

今思うと、私自身が一番苦手とする片づけを仕事にすることになったのは、営業としての責任感だったのかもしれません。

せっかくご依頼されたお客様には、安心して作業を任せていただきたい。頼んでよかったと思っていただきたい。私がやらなければ、お客様も困るし、会社も困る。その一心でした。

そして私は次第に梱包の仕事にシフトしていき、そのうち、運送会社の梱包部門を任されるようになりました。

もっとお客様に喜んで頂ける為に、何が出来るか…そう考えた先にあったのが、ただ引越のための梱包をするだけではなく、片づけや整理をお客様にサービスすることでした。

私と同じように、整理を苦手としている方がいかに多いか。

それを梱包の仕事の現場で知って、私自身も整理収納についての方法論や技術をしっかり勉強しなおしました。そして試行錯誤しながら、誰にでも実行しやすい整理収納の考え方と技術をすこしずつ仕事に取り入れて行き、徐々にこの仕事のおもしろさ、奥深さに目覚めて、のめり込むようになっていったのです。

7 サマンサ・ネットの立ち上げ

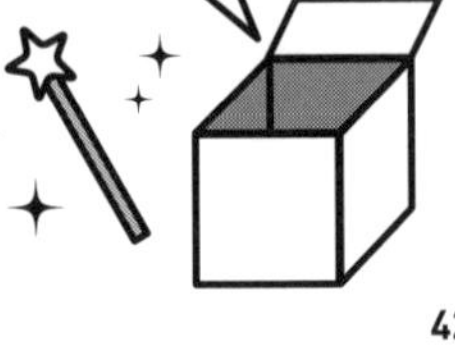

梱包の仕事を続けていくうちに、作業がきちんとできてお客様への対応もいい、「安心して任せられる」スタッフがひとり、ふたりと集まってきて、私のイメージしていた梱包の現場ができあがっていきました。

このメンバーなら、どこにいっても恥ずかしくないし、クレームもこないだろう。それどころかきっと満足して喜んでいただける！ そんな自信だけを頼りに、女性だけの引越梱包専門会社をはじめました。

社名は、株式会社サマンサネット。

「サマンサ」とは『奥様は魔女』というアメリカのホームドラマの主人公の名前です。とてもチャーミングな「奥様」（主婦）の代名詞といってもよいでしょう。

サマンサのような素敵な主婦の小さな力がたくさん集まって大きな力になる。そんな、つながりを大事にしたいという思いから、「ネット」をつけて「サマンサネット」として、2011年8月に、法人設立しました。

私が求めているのは、単なるパートさんやアルバイトさんではなく、同じ気持ちで協力しあいチームとして仕事ができる「仲間」です。

サマンサネットのスタッフは全員女性。しかも、ほとんどが40代、50代の主婦。まさに**サマンサママは、「おばちゃん集団」**です。

おばちゃんであることは、私たちの仕事にとっては強みなのです。

まず、おばちゃんは、人に安心感を持ってもらいやすい。

特にシニア世代の方は、引越するというだけでも、非常に不安な気持ちを抱かれます。**初めて引越を経験される方は、何をどうしていいかもわかりません。**ですから、20代の若いスタッフさんより私たちのようなおばちゃんの方が年代も近く、それだけで会話もしやすく、気持ちもほぐれやすいのだと思います。

また、サマンサネットの大きな特長の一つは、女性スタッフが全員整理収納アドバイザーの資格を持っているということです。

片づけや整理は、主婦の経験が、大変活かされる仕事です。それに加え、整理収納アドバイザーの知識で、整理や収納の基本をもとに整理収納することによって、お客様の満足度もより高くなります。

スタッフのなかには、介護やインテリアデザイナー、色彩コーディネーターなど、色々な資格をもっている人もいます。人生経験と共に、その資格を活かすネットワークでより喜ばれるサービスを提供していきたいと考えています。

このような仲間との出会いがあって、サマンサネットは引越の梱包だけではなく、片づけや整理のプロとして幅広い業務を依頼されるようになっていきました。

8 「ゆっくり引越をしたい」というニーズの発見

サマンサネットのサービスメニューは、お客様の声から生まれたものもたくさんあります。

あるとき、**ご高齢の女性のお客様から「ゆっくり引越作業をしてほしい」**というご依頼をうけました。近年は「早くて安い」というような引越に対するニーズが多く、引越し業界も価格競争が激しくなっています。そんななか、この「ゆっくり引越作業をしてほしい」というご要望は珍しいものでした。

当日は、男性5人・女性5人態勢で、築70年のお客様のお宅にうかがいました。そこでまず依頼された作業は、大きな蔵からひとつひとつ荷物を出し、奥様の前にお出しすることでした。奥様は中身を確認しながら

「あれは、あの時に使ったもの」、「これは仲人をした時にいただいたもの」と思い出話

をしながら、ゆっくりと仕分けをしていきました。

1時間もすると、私たちは作業をする者として、内心焦りを感じ始めました。総勢10人で来ているのに、こんなペースで作業していたら、梱包が終了するまで何日かかるのか…それで、ついつい荷物を運び出すペースが速くなってしまいました。

すると奥様は困ったような顔をして「ちょっと疲れたから、お休みしましょう」と作業を中断されたのです。

休憩中、私たちは「ゆっくり引越作業をして欲しい」というお客様のご希望の真意について話し合いました。奥様は時間をかけてでも、「荷物の仕分けをゆっくり、徹底的にしたい」とお考えだったのだと気がつきました。

休憩後、荷物を出すペースが早かったことをお詫びすると、奥様はこうおっしゃいました。

「そんなに早く、いる、いらないを分けられないですよ。捨てたモノや手放すモノについて後からこれでよかったのかしら？　と不安になってしまうでしょ。だから、ゆっくり時間をかけて、考えながら片づけしたいのよ」

思い出と向き合いながら、ゆっくりモノたちとお別れしたい。この過程を経ることが、ご高齢の方にとっては、**モノとの別れの儀式やひとつの精神的な区切り**になっていたのです。**ただ早く運べばいい、というスピード引越とは全く価値観が違います。**

それならば、多くの作業員はいりません。**前もって女性スタッフが2名で作業に入り、仕分けしながら梱包をすすめ、丁寧にモノとの別れのお手伝いをさせていただこう。**現在、サマンサネットの引越を象徴するサービスになっている「仕分け梱包」が誕生した瞬間でした。

お客様と一緒に、持っていくものと捨てるものを一つ一つ取捨選択しながら、丁寧に仕分けして梱包していく、これが**「仕分け梱包」**です。

通常、引越業者に梱包までお願いすると、すべてのモノを残さず梱包して運び出し、新居に届けてくれます。取り残すモノがあっては大変なので当たり前といえば当たり前なのですが、これが片づけの苦手なお宅だったらどうでしょう?

新居に多くの不要なモノやゴミまでを運び込んでしまうことになります。これではせっかくの新居での生活が、引越前と変わらないものになってしまいます。

だれしも、新しい暮らしの中で、少しでも居心地よく、少しでもラクに暮らしたいと願います。満足度の高い引越を考えた場合、引越前のモノの整理がどうしても必要になってくる。私たちはそう実感しています。

9 「日本一思い出を大切にする整理屋さん」

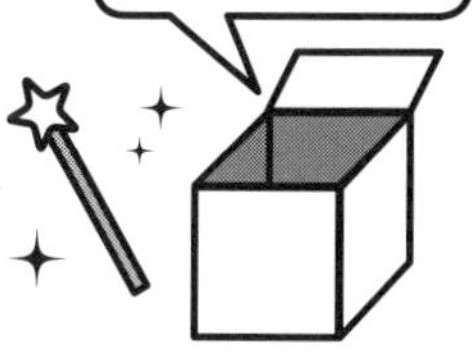

介護ホームに入るためのお引越をお手伝いした時のことです。この方は今あるほとんどのモノとお別れしなくてはなりませんでした。

最後に残したわずかな荷物の中に、彼女は大量のプリンカップを入れていました。昔、お孫さんたちが大勢集まった時に、よくプリンを作ってあげていたのだそうです。

「また孫が来て、プリンを作るときにいるから」とおっしゃるのですが、介護ホームにはそんな大量のプリンをつくれる設備はありませんし、お孫さんたちも、すでに大きくなっています。

「ああ、この方にとって、その時代が一番輝いていて幸せだったんだろうな」

そう思うと切なくなってしまいましたが、この方がそれを持っていたいのなら、そうしてスペースが許すのなら、現実をつきつけて無理に捨てさせる必要などないと感じました。

もちろん、モノを「捨てる」ことで物理的に空間はできますし、スッキリもします。でも、ただ「捨てる」だけで、本当に幸せになれるのでしょうか？

私たちは、お引越や片づけのお手伝いをする中でお客様から今までのいろいろな人生をお聞きする事があります。

「子どもが小さいころはね…」

「これは、主人と結婚した頃…」

「この頃は外国に住んでいてね…」

思い出を語りながら、ゆっくり気持ちも整理されているのかもしれません。

私たちはそんな人生の大きな節目のお手伝いをしているんだ。そういう思いで、毎日、たくさんの大切な物を段ボール箱に入れていきます。

片づけが終わってからも「ちょっとお茶飲んでいってね、ここに座ってね」とうながされれば、お話を聞きながら、お客様と一緒に想い出や人生を共有させていただきます。

そういうところが、この仕事のよさなのだと感じています。

私たちは、日本一「思い出を大切にする」整理屋さんでありたいと思っています。

3章

片づけられない人たち

「片づけるのがめんどくさい」
「忙しくて、時間がない」
「家族が協力してくれない」
「部屋が狭い」
「収納スペースが少ない」
「子どものモノが増える」

　でも、それらをもっともっと探っていくと、
「ココロの問題」にたどり着きます。
　家や部屋は、暮らす人のココロを映す鏡です。

10 片づけられない美人妻と離婚

私がお片づけの仕事をしていることを知ったある男性から、こんな打ち明け話をされました。

「実は、離婚することになったんです」

「えー!? すごい美人で、自慢の奥さんだったでしょ?」

「彼女、片づけられない女だったんです」

「そんなにたいへんだったの?」

「会社から家に帰ると、脱ぎっぱなしの洋服が散乱、疲れた体を休める空間もなかったんですよ。まず、床のモノを片づけることから始めて、汚れた食器を洗って、やっと部屋らしくなるころにはもう深夜。共働きだから、彼女も疲れていたのはわかるけど、だんだんひどくなって、自分のほうがストレスでつらくなってしまって…」

奥様になった女性は、外で会ったときは知的でオシャレな美人だったのだけれど、結婚前は床も見えないような汚部屋に住んでいたらしいのです。それを知らずに結婚してしまった彼の受けたショックは相当大きかったようです。

「居心地のいい部屋で、ゆっくりくつろぎたい」という思いがだんだん大きくなり、結局離婚という選択になったといいます。

「片づけで離婚まで発展するなんて」「そんな些細なことで？」と思うかもしれませんが、毎日続くストレスの積み重ねは、大きな悲劇となってしまうこともあるのです。

外見が美しく、仕事もバリバリとこなしている**「デキる女」なのに、自宅の部屋はぐちゃぐちゃ…。そんな女性が増えています。**

離婚問題に発展する前に、片づけをアウトソーシング（外注）するという選択を検討するのも解決策の一つではないかと思います。

11 増殖するシニア世代の汚部屋・汚屋敷の理由

50代以降の中高年の**汚部屋（おべや）・汚屋敷（おやしき）**も確実に増えています。

原因は、昔に比べて現代は家のなかにモノが増えすぎて、そうじができないということにあります。

「モノの量」といってもピンとこないかもしれませんが、引っ越しの段ボールの量で考えてみるとよくわかります。

3年前は一般的な**４人家族で、みかん箱大の段ボール箱で平均80箱（4・5畳の部屋がいっぱいになる量）だったものが、現在では平均１００箱以上（6畳の部屋がいっぱいになる量）**になっています。つまり、20箱分も荷物が増えているのです。

家の収納スペースには限りがありますから、荷物が増え続ければ、どんなに片づけ上手でもいつかは居住スペースに溢れ出してしまいます。

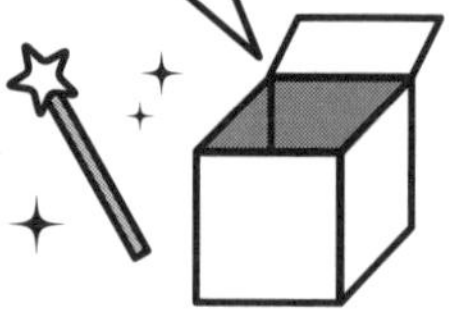

ひとり暮らしなら自分だけの問題ですが、家族がいる場合は誰かひとりが注意しているだけではその人の負担が重く、家族全員の協力なくしては快適な暮らしは実現できません。

そのように考えると、**片づいた家というのは、家族のコミュニケーションがうまくとれている、家族円満の象徴**といっても過言ではありません。また、きちんと片づいている家では、高齢者の転倒事故なども少なく、安全に暮らしていくことができます。

「これ以上モノは増やさない」、特に「高齢者のいる部屋はすっきりとさせる」ということが重要なのですが、使っていないモノや子どもの思い出の品、雑誌や本など、整理できないものが多いところに、さらにどんどん買い物をしてしまうという悪循環が、モノが増える原因になっています。

現代は、都市には安く手軽に買える100円ショップやコンビニなどがあり、郊外には大型ショッピングモールやアウトレットなどがあり、ついつい大量にまとめ買いしたくなるようなセールや商品も目白押しです。さらにはテレビやインターネット通販の普及により、家から一歩も出なくても24時間買い物ができ、商品は親切にも自宅まで届けてくれます。ですから、**気がつかないうちに、簡単に物が家に入ってきてしまいます。**

モノが増えることに比例して、包装の紙や段ボールなどのゴミも増えていきます。大きくて、ぶ厚いかさばる段ボールなどは、溜まっていくゴミの代表選手といってもいいでしょう。

そうしたゴミを出したくても「ゴミ出しの曜日や時間が決まっていて、ゴミ出しのタイミングが合わない」という方もいらっしゃいます。

「燃えるゴミ」や「燃えないゴミ」など、ゴミを捨てる際のルールが複雑で、どう出したらいいのかわからず、結局出せずにベランダやキッチンに溜め込んでしまう人もいます。

意外に思うかもしれませんが、ゴミを溜めている方のなかには、きちんと分別をしている方が少なくありません。トレーや牛乳パックなどきれいに洗ってビニール袋に入れています。「このままゴミの日にゴミを出せばいい」とわかっているのに、出すタイミングが見つからない。**ゴミを「家の外に出せない」だけなのです。**

現場での実感ですが、高齢の方の通販の利用率は非常に高いような気がします。通販で買ったものの梱包段ボールなどは、高齢者にはつぶすことも外に出すことも困難になってきます。**高齢になるほど、片づけやゴミ出しは難しくなります。**

「溜まってしまった段ボールを片づけてほしい」というご依頼もあります。

少子高齢化が進んでいけば、独居のお年寄りも増えていきます。そうなったとき、**いずれは10件に1件程度はゴミ屋敷化してしまうのではないか。**片づけの最前線の現場で働いている私たちは、そんな危機感を感じています。

12 爆発するパイナップル缶

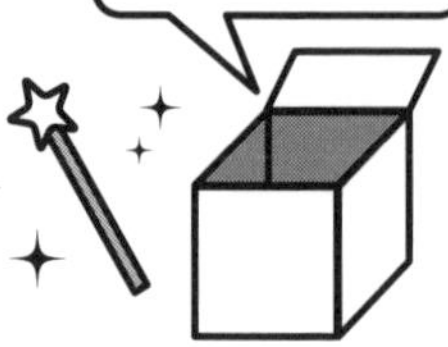

モノを捨てずに溜め込んでいる中高年世代のお宅は、まるでタイムカプセルのようです。地層のように年代順にモノが積み重ねられていて、ちょっと掘ると10年、20年モノがざらに出てくるのです。

たとえば、缶詰・瓶詰め類などは「保存食」や「非常食」という意識があるせいか、どこのお宅でも大量にストックされています。

あるお宅は全室がモノであふれていましたが、特に一番奥の部屋にはモノが詰まっていて、入れない状況でした。ドアの隙間から手を伸ばして、手に触れたモノを引っ張り出す作業から始め、やっと人一人入れるようになると、目の前は衣類の山です。10年、20年前に着ていた服がタンスからあふれて積み上がっていました。

それが取り除かれた壁に現れたのは、墨汁をぶちまけたような真っ黒なシミ。

「このシミはなんですか？」

お客様にお聞きしても分かりません。ふと見ると、足元にはパイナップルの空き缶が転がり、ポパイのホウレンソウのように缶の上ブタがちぎれていました。なんと、人知れず缶詰が爆発していたのです。

昔からどこの家庭にもある缶詰ですが、このように**放置しておくと、だんだん缶が盛り上がってきて、爆発することもあるのです。**

パイナップル缶に限らず、白桃缶、ナタデココ缶など、フルーツ系のシロップを使っている缶詰では、同様の事例があります。

また、スープの缶は、開けていないのに、どこにいったのか中身がカラッポ。漏れるはずがない缶ビールも、液体はすっかり消えて空に。ツナ缶はオイルだけがなくなり、抹茶の水ようかんはクリームチーズ状になっていました。信じられませんが、実際ホラーやミステリーのようなことが現場で起っています。

日本缶詰協会によると、缶詰の賞味期限は一般的には3年ほど。缶の中身が無くなる原因としては、缶に錆びや傷ができて、そうした腐食部分から穴が開くことで中身に影響が出るということです。海外では100年前の缶詰が無事だったという話もあるそうですが、それは特異なこと。**缶詰といえども、極端な長期保存は厳禁**と考えたほうがよいでしょう。

皆さんのお宅のストッカーの奥にも、年代物の缶詰が転がっていませんか?

13 片づけられない自分を責めないで

「あまりに汚くて、恥ずかしくて整理整頓を頼めない」

「来てもらう前に掃除しなくては・・」

電話で、このようにおっしゃるお客様が少なくありません。少し早めにお部屋につくと掃除機の音が聞こえるお宅もあります。

もっと、気楽にプロに頼んでみることで、客観的に第三者からの意見としてアドバイスをもらったり、整理や片づけのコツが分かるようになるばかりでなく、整理についての考え方が変わるきっかけになるかもしれません。

みなさんが考える「普通の家」のイメージのレベルは高すぎるのかもしれません。

テレビや雑誌に出てくるお部屋のインテリアがとても素敵なのは、撮影時にコードやゴミ箱など生活感の出るものを全部隠してしまうからです。きれいに見えるように、撮影に邪魔なものは移動したりしている事もあります。お友達の家が綺麗なのは、お客様がくるからということで気合を入れて片づけたり、掃除をしているからです。

私たちは引越のお手伝いなどで、すっぴん状態の「普通の家」にうかがいますが、すっきり片づいているお宅というのは、数えるほどです。


とはいえ、どの程度散らかっているのか、どのくらいストレスなのか、度合いによっては「片づけられない」ことがかなり深刻な問題になっている場合もたくさんあります。


ときには、**泣きながら、助けを求めて連絡してくる方**もいらっしゃいます。

「部屋の汚さで夫婦喧嘩になる」

「だらしない、汚い、と言われても、どうしていいかわからない」

「片づけた直後はきれいでも気がつくと元に戻ってしまう」

「いつも何かが見つからず、イライラして、ちょっとしたことで主人と喧嘩になったり、子どもを叱り飛ばしてしまう」

「幼稚園のママ友を自宅によべない。招かれるばかりだと、子どもの交友関係に支障がでるのではないかと心配になる」

「キッチンがちらかっていて料理ができない」
「テーブルにものが山積みで、食器を置くスペースがない」
「汚い家にいたくないから、ホテルに泊まる。**理由を作っては外出する。**夫は、帰宅途中に居酒屋によって時間を潰してから帰ってくる。くつろげないから、家族がバラバラ……」

こうなると、ただ「散らかっていて恥ずかしい」というレベルではなく、**家庭崩壊や一家離散に繋がりかねない**といってもいいでしょう。

実際、ご主人の退職や年金暮らし開始を待っていたかのように協議離婚する中年夫婦のなかには、こうした**長年の「汚屋敷、汚部屋ストレスによる家庭不和」**が大きく影響しているのではないかという指摘もあるようです。

そんなとき、モノの整理整頓や廃棄処分などをすることで、混乱した状況をリセットして、快適生活をサポートするのも私たちの仕事です。

環境を改善するためには、モノの移動以前に、いろいろなお話をうかがうようにしています。かなりプライベートな内面まで話をきくことも多く、カウンセリングに近いかもしれません。

14 片づけられない人の行動パターン

ＴＶで片づけられない人の部屋の中を撮っているのを見た事があると思いますが、あれは、誇張しているのではなく、実際に存在する光景です。

レジ袋に入れた買い物品が、ドサっと置きっぱなし。エルメスやシャネルといったハイブランドの服が脱いだままの状態で積み重ねられているうえに、ブティックの紙袋に入ったまま開けてさえいない服もたくさんあります。部屋の奥には、数年前の引越の時から開梱されていない段ボールの山が積み重なっているままになっています。

そんな、うず高くモノが積み上げられている部屋の方から、引越梱包のご依頼をいただいたことがありました。

ご依頼主は、40代の美人ＯＬさんでした。

ベッドルームにも、リビングにも納戸にも、衣類が山のように積み上がっています。その奥にあった、整理ダンスの中にも隙間なく衣類が詰め込んであります。タンスに入っていたのは20数年前に流行ったブランドの洋服でした。

私たちは、靴下を2重に履き、長袖のシャツに長ズボン、マスクという完全防備のスタイルで作業をしましたが、背中や足首、おなかのまわりなど、真っ赤に腫れてしまうほど、ダニに刺されてしまいました。

しかし、住人である彼女は免疫があるのか、素足なのに虫さされ痕もない美しい肌で、涼しい顔をしているのが不思議でした。

そんな、ダニやモノと闘っている私たちの耳に「ビリビリ」と紙を破く音が聞こえてきました。見ると、彼女が、通販カタログの注文用紙を切り取っているのです。

また、あるお宅では、未開封の段ボールが積み上げられて迷路のようになっていました。それはすべて、通販で購入したものです。洗剤や雑誌、文具、日用品など、目についたものや気に入ったものはすべてオーダーしてしまい、なかには2重に買ってしまっているものもあるようでした。

ところが、届いたときには注文したのもすっかり忘れ、買った物への興味も失い、結局段ボールを開けずにそのまま置いてあったというわけです。

片づけられない人には、共通した性格と行動のパターンがあります。

①注意力を持続できない
なにかひとつのことをやっていても、ほかの刺激があると、それまでやっていたことを忘れてしまう。だからあちこち、無秩序にモノを置き忘れてしまう。

②集中しすぎてしまう
逆に、集中しすぎて時間を忘れてしまう。片づけ中に、手にとった漫画を読みふけって、片づけをしていたということすら忘れてしまう。

③モノへ執着してしまう
モノへの執着やコダワリが強く、同じようなものを集めたり、すべてを同じシリーズでそろえたりしてしまう。

④取捨選択ができない
優先順位を見極めたり、取捨選択をするのが苦手。
「いつかは使うかも」「後悔するかも」という不安から、モノが捨てられない。

⑤苦手なことを先送りする

苦手なこと、嫌なこと、めんどうなことをつい先送りにしてしまう。「ゴミを出さなきゃ。でも、後でやろう…」と思っているうちにゴミが溢れてしまう。

これらは、特別な例ではありません。むしろ、誰しも思い当たることがあるでしょう。

しかし、「こういう性格だからしかたない」と思っているだけでは何も変わりません。自分の性格や行動パターンを認識したうえで、片づけの「ルール」を工夫していきましょう。

15 片づけは、生活をラクにする！

「片づけは大変だからやりたくない」とおっしゃる方がいますが、実はそれは全く逆です。散らかった家での生活こそ、本当に大変なのです。

片づけの一番のメリットは、一度思い切ってやってしまうと、劇的に毎日の生活がラクになるということ。端的にいえば、片づけは、主婦が楽をするためのものなのです。

ユミさん（38歳・ワーキングマザー・長男小3・長女幼稚園）の朝の様子をご紹介します。

朝。起きると、床に積もったモノたちを踏み分けながらリビングに向かいます。何か作ろうと思ったのですが、キッチンが散らかっていて料理ができません。しかたないから、今日も食パンと牛乳という、火を使わない朝食を子どもに食べさせます。

食卓はモノでいっぱい。スペースがなくて一人ずつしか食べられないので、自分はまず洗面台で化粧をします。化粧ポーチを探すのに手間取ってしまいました。しかたない。化粧はまだ途中ですが、娘を着替えさせなくては幼稚園に間にあいません。

靴下の片一方が見つからない！　服の山をかき分けて探します。なんとか見つけたものの、今度はお兄ちゃんが「今日先生に出すプリントどこ？」とあちこちさがしはじめました。が、どこにあるかわかりません。

「昨日の夜渡したじゃない！どこに置いたの？　だからすぐかばんに入れなさいっていったのに…　さっさと探しなさい！」自分のことは棚にあげてつい怒鳴ってしまい、お兄ちゃんは泣きべそです。

その間、今度は自分の着替えです。カゴから引っ張り出したストッキングは伝線していました。新しいストックがあったはずなのに…見つからない！

しょうがないのでボトムをパンツに変更です。あわてて着替えます。

もう出かけなければ間にあいません。結局提出する書類はみつかりません。お兄ちゃんに「先生に明日持って行きますって言うのよ!!」と顔も見ずに声をかけておくり出し、自分も玄関に溢れた靴を足でかき分けながら、娘と一緒にようやく家を出ます。

子どもの手を引いて小走りで自転車置き場に着いたら、今度は、自転車の鍵がない！　あーもう、しかたない！　舌打ちしながらあわてて家に引き返します……。


いかがですか？　朝、起きてから家を出るまでの数十分。

読んでいるだけでも、うんざりするほど大変そうです。いったい「しかたない」を何回言っているのでしょうか。ユミさんはこれを、毎日続けていたのです。

これだけ物が多いと、確かに片づけるのは大変でしょう。でも、片づけの大変さは終わりのある大変さです。**片づけが終わったら、すべてのものがあるべき場所にあって、探さなくてもすぐに取り出せる、快適な生活が待っている**のです。

私たちはユミさんからのご依頼を受けて、お部屋の片づけをお手伝いしました。

次の朝、ユミさん親子は「探し物のない朝の仕度がこんなに楽なんて！」と感激したそうです。「探す」というストレスがなくなるだけで、心にもゆとりが生まれてきます。

片づけると、生活すべてがラクに回り始めるのです。

16 家族の協力を得よう

家族がいる場合、家が片づいた状態を維持できるかどうかは、皆の協力にかかっています。私の家でも、モノがどこにあるのか分からない時は、「ハサミどこ?」「爪切りどこ?」と家族はいちいち私に聞いていました。

私はその度に、「はいはい」と出してあげていたのですが、忙しい時は面倒でイライラしていました。

片づけ方をマスターした今では、家族の誰も、私に探し物を聞いてきません。モノが整理され、何がどこにあるのか、一目でわかるようになったからです。

主婦である自分だけがモノの置場がわかっていても、家族全員が分かっていなければ、私のストレスは解消されないだけでなく、家族にとってもストレスです。特に共用スペースについては、みんながモノの置き場所やルールを知っていることが重要です。

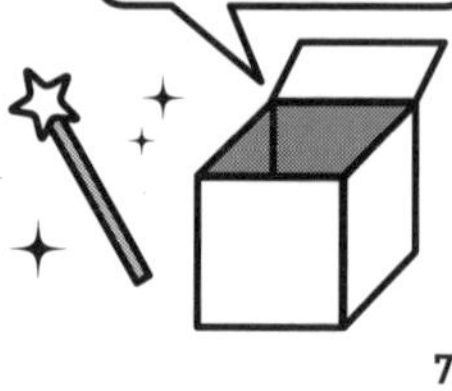

家族全員がモノを整理し管理できていれば、モノを探すというストレスはぐっと減ります。

探し物がない暮らしは、本当に想像以上に快適です。

そうなるとおもしろいもので、**モノと家族の関係が近くなる**からでしょうか、主人が料理をするとか、子どもが自分でご飯を作って食べるという**「家事の分担」が自然な形でできるようになってきます。**

■冷蔵庫に貼った買い物メモの付箋

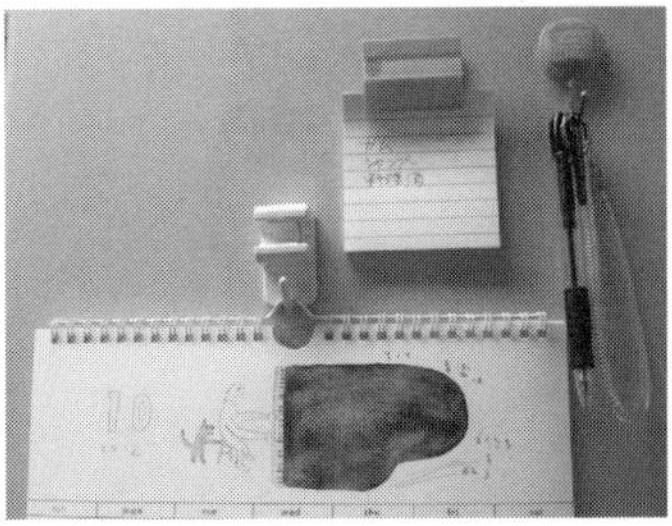

私は平日は買い物に行けないので、冷蔵庫の食材が切れてしまうことも多いのですが、なくなったものは付箋に書いて、冷蔵庫に貼っておくようにしています。

たとえば**お醤油が切れた場合は、すぐに「しょうゆ」と書いた付箋を貼っておきます。**すると主人も子どもも、買い物に行くときに付箋を財布に貼って買い物メモがわりにして、足りないものを買っておいてくれるのです。

不足品がわかれば誰でも買いにいけるし、余計なものは買

わなくなります。家事分担がシステマチックになっていれば、案外家族みんなが楽にうごけるものです。

「夫がなにも手伝ってくれない」と不満を漏らす方がいますが、もしかしたら、ご主人は「どこに何があるのかわからないので、手伝いたくても手伝えない」のかもしれません。

掃除や洗濯だって、片づいていないと何を手伝っていいのかが家族にわかりません。家族に「あれをやっておいてね」と言わなくても、やるべきことがわかるのが、究極の状態です。

家事を継続して手伝ってもらうためのコツは、家族の家事の好みを意識することです。たとえば、洗濯は好きだけどたたむのは嫌いとか、料理は好きだけど後片づけはめんどうだとか、それぞれ好きな家事、苦手な家事があるものです。それぞれが自分の好きな分野を分担すると無理なく続けることができます。そのうち、家族の方が家事の楽しさに目覚めてしまうかもしれません。

誰が見てもわかるように整理することで、主婦のストレスは大幅に軽減する事が出来ます。家族の協力は、暮らしを豊かにする重要なポイントであると言えるでしょう。

17 「もったいない」と思わないで

あるお宅では、タオルが押入れいっぱいにありました。

家族が捨てようとすると、「もったいない。寝たきりになったときに使う」とおばあちゃまが怒るので、捨てるわけにはいかないというのです。でも、もし1日4枚使うとして、1週間で28枚。それ以上の枚数をとっておくことは必要でしょうか？

タオルやシーツなどは、箱のまましまっていても、折り目のところが黄ばんだり、黒ずんだりするので、何年もたつと「新品」といえど、洗濯してもシミが落ちなくなってしまいます。

他にも、**使わないのに捨てずにとってあるものがありませんか？**

お寿司を買うとついている醤油やワサビの小さなパック、アイスクリームのスプーンなど、「買ったものについてくる」モノ。

新聞を購読したらもらえる洗剤やシャンプー、ノベルティのタオル。

旅行のお土産にもらった特産品のジャムや漬物。

お祝いのお返しでもらったシーツや毛布……。

食パンの口を止めてあったプラスチック、袋をねじって留める針金、百貨店の包装紙など、とっておいてもあまり使い道がなさそうなものを、丁寧に分類して、大量にストックしてあるお宅もあります。

しかし、このように溜めるタイプであっても、「分類」ができていれば、片づけの第一歩はできているといえます。次の「減らす」ステップに進み、所定の場所に「収める」「消費する」ことができれば何の問題もありません。

使いやすさを基準に選ぶ

厚手で見るからに高級そうなタオル。「もったいない」と使わずにストックされているモノの代表選手です。

まずはタオルを収納する場所を決めて、そこに入るだけの量を選ぶこと。入らない分は残念ですがあきらめるしかありません。

優先順位は自分にとって大事なもの、使いやすい大好きなものから先に入れるという、使いやすさが基準になります。私たちはお客様に、**「ふだん一番使うものを選んでください」**とアドバイスします。たとえボロボロになっていても、それが使いやすくてお気に入りなのであれば、**使いやすさの優先順位が高い**ということです。

逆に、どんなに高級なタオルであっても「もったいない」というだけでとってあったとしたら、そのまま使わず、しまってあるだけになる可能性が高くなります。まずはもったいないと思わず、箱から出して使って下さい。

使わないものは、結局、ダメになる

ストックされたモノの大半は、未使用、未開封であっても中身は劣化してしまいます。長く放置された紙パック入りの洗濯用粉洗剤は、湿気などから風化して底が抜けたり、下の方が石のように固くなってしまいます。そうなってはもう、洗剤としては使いようがありません。さらに、洗剤と床が一体化してしまって、削りとるのに苦労したお宅もありました。

腐らない、悪くならないと思って、数年前の化粧品をたくさんとってある方もいらっしゃいます。食べ物と違い、化粧品の「消費期限」は普段意識することがないかもしれませんが、実は化粧品にも有効期限があります。

「使わないものは、結局、ダメになる」このことを、頭に叩き込み、古いものは順繰りに使うか、整理すること。それが本当の意味で無駄を出さない暮らし方といえます。

18

使わないモノに支払っている家賃

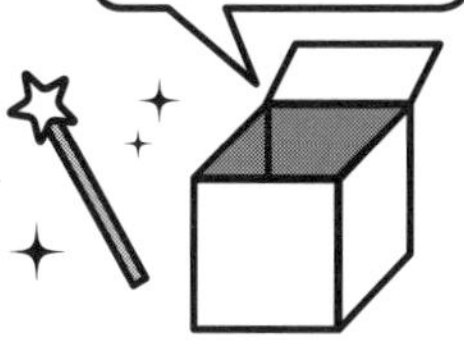

やたらと自分がいらないモノを人にあげてしまう人がいます。でも、本当に喜ばれているでしょうか？

欲しいというものだけを使ってくれる人にあげるなら素晴らしいことですが、いらない物が段ボールいっぱい送られてきたら、もらったほうもどうしていいか困惑してしまいます。

それは捨てることの罪悪感や苦痛を他人に押し付けているだけの行為なのかもしれません。

また、捨てるのはもったいないから、「いつかオークションに出す」、「フリマに出す」と、不用品をとっておく方もいます。

しかし、インターネットのオークションは出品から落札者とのやりとり、決済まで意外に手間がかかりますし、フリマも一緒に出す仲間を募ったり、値札をつけたり、モノを運んだりと、準備は結構めんどうです。そんな風に「いつかやろう」、と思いながら、何年も不用品がダンボールの中に入ったまま、置きっぱなしになっている家は意外と多いのです。

また、不用品はリサイクル・ショップに出すという方法もあります。洋服やバックなどは、新品かブランドものであれば売れますが、購入価格に比べて得られる金額は微々たるものです。きれいに洗濯してあっても、ノーブランドの服や雑貨にはたいしたプライスがつきません。

しかしお金の問題ではなく、まだ使えるものが「リサイクル」で他で活かされることで捨てる罪悪感から解放されるとか、モノとの別れの儀式としてあえて「リサイクル」というステップを踏みたいなら、それもモノを減らすひとつの方法だと思います。

大事だとおもっていたモノの市場買取価値の現実を知ることが、自分の価値観が変わ

るきっかけになることもあります。

ある知人は、ブランドの服を40着、大きな布団袋いっぱいの量を持ち込みましたが、買取価格は500円。また、新品同様のバッグは、50円だったそうです。

50円の価値しかないバッグが何年間もクローゼットを占領していたと考えると、それは逆に「もったいない」ことなのではないでしょうか？

着ない服や、使わないモノの占めるスペースがいったいいくらになるか、家賃から計算してみてください。そして市場価値と照らし合わせ、どちらがもったいないのかを比べてみてはいかがでしょうか。

4章

どうしよう、
親の家・生前整理のススメ

人生の“エンディング”について最近は少しずつマスコミにも取り上げられるようになりましたが、以前はそれを口にすることさえタブーとされてきました。しかし、自分の思いは生きている時にしか伝わりません。

「もったいない」、「捨てられない」と残しておいたたくさんのモノ…。受け継ぐ身内にとって重荷になってしまわないように。

いまからどのように整理を始めたらいいのかを考えましょう。

19 どうしよう？ 片づけられない親の家

「私の実家がゴミ屋敷化しているんです！ 何とか片づけさせたいのですが」

「モノを捨てろといっても全く聞く耳を持たず、『親不孝者、もったいない』と怒りだす」
「せっかく私がモノを片づけてゴミ捨て場に捨てたのに、ゴミ袋から出してまた持ち帰ってしまう」

結婚や就職で既に家を離れているお子さんや、二世帯同居を考えているお嫁さんから、相談の電話をかけてこられるケースが増えています。

タナカさん（40代・主婦）のご実家のケースをご紹介します。

「私の実家では、70代の母親が一人で暮らしています。二階建ての一軒家で、かつて私と妹の子ども部屋があった二階はモノ置き状態で、ここ数年はほとんど上がってさえいないようです。

母は主に一階の台所と居間で寝起きしていますが、そこも布団や洋服ダンスなどモノだらけで、足の踏み場もありません。

孫の顔を見せてあげたいけど、不衛生でアレルギーも心配なので、帰省の足も遠のいてしまいます。何とかしたいのですが、母に片づけろとか捨てろというと、**『私が死んだら全部捨てていいから、放っておいて！』と怒り出します。もう、どうしたらいいのか、わかりません！**」


このタナカさんのケースは、「困った実家」について寄せられるご相談の典型的なパターンです。

タナカさんのお母さまは、2人のお子さんが巣立たれた後も、子ども部屋と荷物をそのまま残しているそうです。この荷物はもう20年以上置きっぱなしです。5年前に先立ったご主人の荷物も捨てないで残してあるといいます。単純に考えても、家の中には4人家族分の荷物があることになります。

お子さんが巣立たれた時期、親御さんは50代前後。その頃はご自身もまだ現役で忙しく「いつか時間ができたら片づけよう」と思っていたはずです。置く場所はあるので「捨てる」という選択に向き合わなくても、どうにかなってきたのでしょう。そのうち介護に追われるようになり、夫を見送ると、いつの間にかもう70代にさしかかっています。

そこに、数年ぶりに帰ってきたお子さんに「汚いから片づけろ！」だの「捨てろ！」だのヤイヤイ言われたら、今までの自分を否定されるようでカチンときてしまいます。ついイライラして怒ってしまうのでしょう。

この年代になってからでは、**20年以上かけて溜まりに溜まったモノたちに立ち向かおうとしても、もう気力や体力がついてきません。**

「安全で快適な暮らしのためには、使っていないモノなんて捨てちゃえばいい」と考える子世代。

「いつかは片づけなくちゃいけないと思ってはいるけどめんどうだし、まだまだ使えるからもったいない。第一、一生懸命働いて買ったモノなんだから…子どもに捨てろなんて言われる筋合いはない！」と考える親世代。

「捨てる」という言葉は、親世代にとっては自分自身を、全否定されるが如くでアレルギー反応をひき起こす場合も多いのです。

このような場合、親世代子世代、双方の価値観が異なるために、解決策がとても難しくなります。

20 片づけ能力も老化する

親を思っての子世代の心配も理解できますが、親世代の身体的精神的な側面を理解して頂きたいと思います。

片づけや整理というのは、複合的な判断力や記憶力が求められる高度な家事なのです。

年をとると体の機能が弱って、様々な生活支援や介護が必要になるのと同じで、片づけの能力も低下してしまうのです。

〈老化と片づけ能力の低下〉

- **判断力の低下**…大切なモノとそうでないモノの区別がつきにくくなる。
- **記憶力の低下**…同じモノをいくつも買ってきたり、置き忘れたりする。

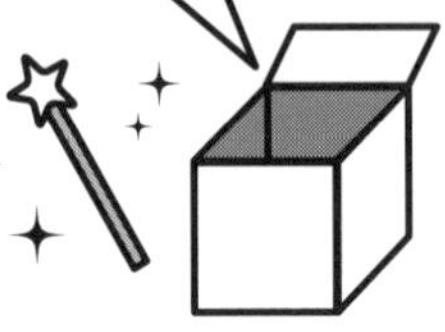

・**視力の低下**…汚れやホコリが見えていない。汚いと意識できない。
・**運動能力の低下**…手が届く範囲にモノが出しっぱなしになる。

また、目の前からモノがなくなってしまうと、

「その思い出ごと、なくなってしまうのではないか?」

「もう取り返しがつかないのでは?」

という**不安感や孤独感からモノを捨てられなくなる**ことも多いようです。


快適な生活のためにモノを減らすことは必要ですが、私たちは**「捨てる」ことが善で、「捨てられない」事が悪だとは思っていません。**

特にお年寄りは、大切なモノが捨てられてしまうことで精神的にダメージを受けることも多いのです。喪失感で落ち込んでしまったり
「本当は捨てたくなかったのに、娘に捨てられた」と嘆く声もよく聞きます。

置いておけるスペースがあるのなら、むやみに捨てる必要はありません。

ふだん寝起きする部屋と居間を過ごしやすく整えるだけで、お年寄りの生活の質は

ずっと向上します。

「いつも使うわけではないけれど、捨てたくないモノ」は、ひとつひとつ仕分けして段ボールに梱包し、中身を書いて、余っている部屋に避けておけばいいのです。スペースに余裕がないのであれば、**トランクルーム**を利用して荷物をいれておくという方法もあります。

思い出の品は、ちゃんととってある。いつでも見たい時に取り出せる。それさえ理解していれば、高齢者の方は安心できるということを知っておくとよいでしょう。

21 荷物の生前整理とは？

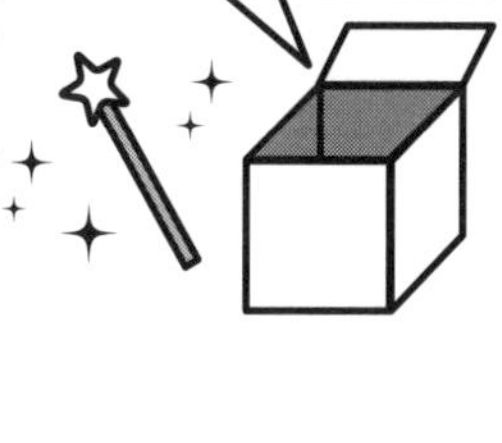

60歳からの80歳まで20年間の「セカンドライフ」を快適に過ごす事ができるかどうかは、「荷物の生前整理」をする事で大きく変化します。（本書では、一般的な相続業務解説などについては割愛しています）

元気があるうちに荷物を整理をすることで、本人も周囲も安心できます。「いつか」を待つのではなく「今」片づけを始めましょう。

荷物の生前整理は、人生の棚卸しです。

実際に、ご高齢の方が、家に溢れている大量のモノを一人で片づけるのは、体力的にも難しいものです。

「生前整理」の場合、一番重視するのはお客様の今の生活を快適にすることです。そのため、今の生活空間をすっきりさせることを第一目標にします。

やり方は通常の片づけと同じ、3ステップです。

①「分ける」

あちこちに積まれているモノを、衣類、本、書類・・などジャンル別におおざっぱに分けていきます。多くの忘れていたモノが発掘されるので、比較的楽しい作業です。

②「減らす」

シルバー世代の方たちは、モノを捨てられないとおっしゃいます。

「よく使っているモノ」と「使ってるモノ」、そして「使っていないモノ」を分けるのは簡単なのですが、「使っていないモノ」を「使わないけど取っておく」と「捨てる」に分けるのが難しい。みんな「使っていないけど、取っておく」「まだ、使える」になってしまいます。

でも、今のお住まいに余裕があるのなら、それでもいいと思うのです。

「使わないけど取っておく」ということで、「衣類」「本」「キッチン用品」と段ボールに中身を書いて、使っていない部屋に保管しておく。もしかして使う時がきたら、もう中味が分かっているのだから、そこから出せばいいだけです。そういう状態だと**「捨てなさい、捨てなさい」という圧力からも解放される**ので、ご本人も安心して仕分け、分別ができるのです。

③「収める」

いま使っているモノを、出し入れしやすいように、居住スペースに収納します。この時に**重要な事は、1アイテム1つ**、たとえば、赤ペン1つ、ハサミ1つ、ボールペン1つ、というように、**引き出しを開けて、誰でもわかるように収納**します。すると、例えば**ハサミがなければ、「ない」ということがひと目でわかります。モノを探す必要はありません。最後に使った人に聞くだけです。**

「ハサミどこで使ったの?」

家族みんなが、「使ったら戻す」をルールにすると、モノが見つからないという事が劇的に少なくなり、今までのさがし物をしていた時間は何だったのか? と感じられるでしょう。

何をどこに置くか、モノの住所が覚えられない方は、置き場所を読みやすく大きく書

いて貼っておくとよいでしょう。（詳細は5章　サマンサのスッキリ整理・実践編を参照）

「使わないけど取っておく」モノは、納戸や使っていない部屋に収めます。

この仕分けをやっておくと、万が一の時にも、遺されたご家族の負担はとても軽くなります。居住スペースにあるものは、「よく使う」「使う」に分けられたモノだけです。診察券、年金手帳や保険証券などの重要書類や貴重品、お気に入りの写真などは、この居住スペース内に残しているはずです。

その他の使っていないモノは、ジャンル別に全部梱包されて納戸や使っていない部屋にありますので、最終的には身内の方が処分することになるかもしれませんが、それでも混沌、雑然とした生活状態から処分するのとは、全く負担の度合いが違います。

なにより、**故人の意思がそこにあり、本人がモノの分類をしたという事が、遺された家族の精神的負担を軽くしてくれるはずです。**

22 「捨てる」ことの喪失感

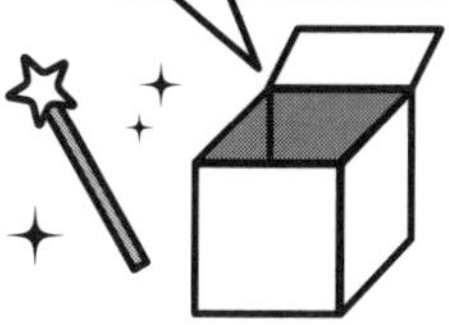

お年寄りにとって「捨てる」ことが精神的なダメージにつながることがあります。**持ち物を失うことで、人生をなくしたかのような喪失感に襲われる**ことがあるのです。**現場によっては、「『捨てる』という言葉をお客様の前で使わないでください」と指示されることもあります。**

先日、往年の名女優さんがテレビでお話されていたのですが、住み慣れた家から介護付き施設に移ることになって、多くのモノを捨てなくてはいけなかった。その時の喪失感がものすごく大きかったそうです。やはりお年寄りの荷物の扱いには配慮しなくてはいけないな、と改めて感じました。

「生前整理」についても、家の建て替えなど様々な事情で家に荷物を保管しておけなくなる場合があります。そういう時も、いきなり全部捨てるのではなくて、一部でもいいから**貸し倉庫やトランクルームに移して「保管してあるからいつでも出せるよ」**と伝えることで、お年寄りの精神的負担が軽くなります。

逆に、自分たちでは捨てられないモノを捨てるお手伝いをすることで、心が軽くなるケースもあります。

以前、ご高齢のご夫婦の「生前整理」をお手伝いした時の話です。

そのお宅のご主人はご病気で、もう余命宣告をされているという状態でした。

奥様が、荷物整理を依頼してこられたのですが、「どうしてもすぐに主人の部屋の荷物を捨ててスッキリさせたい」とおっしゃるのです。

実際にお宅にうかがうとそんなにモノが多いというわけではありませんし、なによりご主人が入院中でご不在というのが気にかかりました。ご本人が不在中の整理は、身内の方との判断の違いからトラブルになる可能性があるので、通常はお受けしていません。

「ご主人がお戻りになるまで待たれたらいかがですか？」と止めたのですが、奥様は「もうおじいさんの枕元で、いいわね？　いいわね？って何度も許可をとってあるから、大丈夫です」と決心は固いようでした。

そこで、まず最初に奥様のお部屋を整理してから、次にご主人のお部屋に取りかかりました。

作業も終わりに近づくころ、

「本当によかった。こんなに綺麗にしてくれてありがとう！　実は、書類の処分が気になっていたんですよ」

と、その時はじめて、片づけを急いだ理由をポツリと言ってくださったのです。

ご主人の書斎には棚いっぱいに書類が積まれていたのですが、それらはご主人が働いていた頃の**顧客の個人情報や機密文書**なので、ずっと捨てるに捨てられなかったそうです。


ご主人が一時退院で帰っていらした時にも、綺麗になった部屋を見て「ああよかった。これで心おきなく逝ける」と喜んでくださったので、複雑な心境ではありますが、私たちも本当にほっとしました。

奥様は、ご主人をお送りするにあたって、少しでも心配ごとをなくしてあげたかったのかもしれません。

※サマンサネットでは、このような重要書類や個人情報の書類の溶解処理をしています。段ボールに書類を梱包して、そのまま当社指定の溶解処理施設に運んで処理するサービスです。溶解証明書も発行しますので、書類の処分にお困りの方には、大変喜ばれています。

23 心労がつのる遺品整理

ここ最近特に多くなってきたのは遺品整理のご依頼です。

遺品というと、宝石とか、通帳とか、日記などの「形見」と混同してしまいますが、「遺品」というのは、故人が毎日使用していた生活雑貨や衣類、家具、家電製品などすべてのモノをさします。

以前は、遺品整理は、「形見分け」という形で、ご遺族が集まって行っていたものですが、最近では核家族化が進み、親と同居している方も少なくなっています。そのために「遺品整理をする時間がない」「遺品整理の為に何度も出向けない」などの理由から、遺品整理業者への依頼も増えています。

親と同居していないので、どこに何があるか分からず、どのように整理をしたらいいのかもわからない。

結局遺品の整理ができないまま、何年もそのまま放置してしまっている。このように遺品について非常に悩まれるご遺族も少なくありません。

どうしたらいいの？　家にあふれる遺品の山…

「思い出のモノや大切なモノがたくさんあるから、今は無理だけど、いつかゆっくり片づけるから…」生前そう話していたけれど、結局**その「いつか」がこないまま、モノだらけの家を遺して亡くなられる。そんなケースが非常に多いのです。**

遺された家族は膨大なモノたちの整理をしなくてはいけません。でも、その**遺品整理は家族にとっては本当に精神的に苦しい仕事**です。

それは、単に「疲れる」とか「時間がかかる」とか、それだけの理由ではありません。遺された家族は、故人の生活感が生々しく残る家の中に踏み込んでいって、たくさんの遺されたモノと向き合い、沸き上がる様々な感情を抑えつつ、ひとつひとつ何を残して何を捨てるのか、確認しながら作業を行わなければいけません。

たとえば、遺された膨大な写真。故人だけではなく、先祖代々の写真などは、ここに写っている人がだれなのかもわからないけれど…**自分が捨ててしまったら、もう故人の人生を記録した写真はこの世から消滅してしまいます。「本当に自分が取捨選択の判断をしてよいのだろうか？」**とご家族も悩み、葛藤されるのです。

また、作業の過程で、故人のことを思い出し「もっと帰省してあげればよかった」とか、あるいは「あの時母はどんな気持ちだったのか…」という**後悔や自責の念**に苛まれることもあります。

さらには、急逝の場合などには、**故人の秘密**にしていたことまで、片づけの過程で家族に知られてしまう事があります。故人が知らせたくなかったことは、家族にとっても知りたくなかったことである場合が少なくありません。

このように、旅立たれた後の遺品整理は、家族にとっては、とても苦しく重い仕事なのです。

お母さまが亡くなった後、**遺された空家に踏み込むまでに、何年もかかった**という方もいます。**同居していない遺族**の場合は、部屋の中がどうなっているかわからないので、入るのにも勇気が必要なのです。

近年、少子高齢化が進んで都内でさえも誰も住んでいない空家が増えていると言われますが、このように**遺品整理がされないまま、モノだらけのままで放置されている空家**も多いのです。このような空家は、空き巣や放火などの犯罪を生むリスクもあり、社会問題化しています。

このような遺される側の負担を考えると、自分の荷物の処分は、自分である程度しておくべきなのではないでしょうか？　それは、遺された大切な家族への思いやりでもあると思うのです。

本書では、「無理に捨てなくてもいい。捨てられないモノは、何が入っているのか分かるように明記した段ボールに入れて、納戸などにしまいましょう」と書いています。

同じ遺されたモノであっても、一度本人のフィルターで分別されてあるモノは、遺族にとってはその後の処分が格段にラクになるのです。

ある日、「自宅売却のため引越されるお客様です。家財の整理を一人でなさっていて相当疲れているようですので、ご配慮ください」と営業担当者が書き添えた依頼書が届きました。

そのお宅は、亡くなった親御さんの世帯が1階、奥様の世帯が2階という造りの二世帯住宅になっていました。一見スッキリ片づいてはいるのですが、以前、茶道の先生をしていらしたということもあって、お着物・お茶のお道具・そして衣類がたくさんあり、仕分け作業に大変時間がかかりました。

作業2日目が終わる頃、奥様がポツリとおっしゃいました。

「**一人で親世帯の片づけをしていた時は、終わりの見えないトンネルの中で作業をしているようだったわ。**捨てても捨てても湧き出てくるモノとの戦いに、ノイローゼ状態になってしまったんです。このままでは私が倒れると思って、手伝ってくれる人をさがしたけど、どこに頼んだらいいのか分からなくて。行政に聞いたり、デパートの外商に頼んだりしたけど、ぴったり来る人はなかなか見つからなかったのよ。今回、引越の営業さんから仕分けしながら梱包してくれるスタッフがいるからと聞いて、やっと私が探していた人に会えた！って思ったんです」

「**誰かと一緒にやると、こんなにラクに片づけが進むなんて。**もっと早く出会っていたらあんなに苦労しなくてもすんだのに…」

お話をお聞きして、それまでのご苦労が想像以上に大変だった事を知りました。

遺族の方が遺品整理で一番悩まれるのは

「大切な物を見落としていないか？」

「本当に捨てていいのだろうか？」

「私が捨てる判断をしていいのだろうか？　いや、やっぱりとっておこう…」

など一つ一つを考えながら、仕分けしなければならないことです。この苦労はやった事が無い人には想像がつかないほど大変な作業だと思います。それが自分ひとりの孤独な作業となればなおさらです。

お客様が私たちに求めることは、少しひいた目線で取捨選択ができるよう遺品整理を見守ってほしいという事です。そして「ねえ、これは捨ててもいいわよね？」と聞ける相手になってほしいという事です。それだけで、心がラクになるのです。

心が疲れている時こそ、やさしいお片づけサポートでホッとしていただきたいと思っています。

24 遺品なのか、ゴミなのか？

遺品整理はどうしても廃棄とつながってきます。

遺品整理の際には、身内の方に立会っていただきますが、身内といっても直系親族でない場合や、弁護士・成年後見人の方の場合もあります。

たいてい、形見分けが終わってから「親族全員で全部確認したから、もう大事なものは何もないと思います。残っているものはすべて廃棄でいいです」と言われる場合が多いのですが、私たちは、全部のお洋服のポケット、バッグの中、ファスナーの中まで全部確認しながら遺品整理の作業をしていきます。

万が一大切なものが残っていたら、取り返しがつきません。銀行や証券会社の書類、土地の権利書などの重要書類の他に、手紙や写真など、故人がきっと大事にしていたも

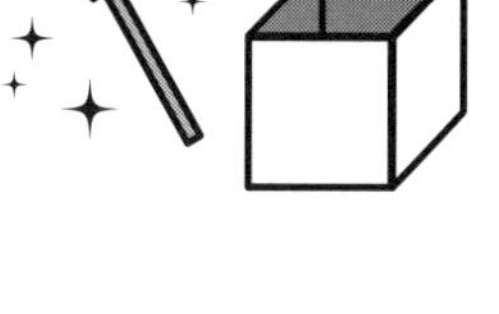

のではないか？　思い出につながるものではないか？　というようなモノはよけておいてご遺族の方に確認していただきます。その中から写真を一枚取り上げ、「これは大事なものです。よく見つけてくれました！」と喜ばれることもありました。

また、思わぬ場所から、カメラが出てきたこともあります。**遺品はゴミではありません。**故人が使っていた大切なものなのです。亡くなった方が大切にしてきた物を一つでも多く見つけることは、ご遺族にとってもうれしいことだと思います。

一般的に「全部廃棄」と言われれば、廃棄＝ゴミなので、段ボールにそのままガサガサッと全部のものを放り込んでいく作業になるでしょう。タンスをあけて洋服をドサー、食器もガチャガチャ、あっちでもこっちでも大きな音をたてて、廃棄ゴミとして扱われてしまいます。

でも、身内としてそれに立ち会っていたら、どういう気持ちになるでしょうか？

遺品というのは、故人が今まで生きてきた証です。引越の時のゴミや廃棄物とは、全く感情的に異なるものなのです。

この遺品すべて、自分の親が使ったお箸、お茶碗、カップ…そんな気持ちで整理したら、お箸もお茶碗もすべてがゴミではなく、大事なものに思えてくるはずです。たとえそれが、廃棄として段ボールに入れることになっても、ガチャガチャと音を立てて作業することはできません。

その故人と繋がっているモノに関して、縁があって最後に触らせていただくのだから、**大切な自分の親のモノを片づけるように一つ一つ丁寧に扱うこと。**
これが、私たちが遺品整理で最も大事にしていることです。

25 もう、物置や蔵を増やさないで

実家の土地や家屋に余裕がある場合、**家の内外にモノが溢れていく**というケースがあります。

都会のマンション暮らしではそうはいきませんが、土地があると「うちのなかがいっぱいになってしまったから、物置に入れよう」「物置がいっぱいになってしまったから、もうひとつ、新しい物置を作ろう」と、スペースが許す限り、どんどん物置や納屋を作っていってしまうのです。

そして、古い物置のなかにあるガラクタは埃だらけ、錆びて使えなくなり、ついには**蔵全体が「死蔵」になっていきます。**

ちなみに、昔の蔵は、死蔵品を詰め込む物置ではなく、日常生活をスッキリ送るため

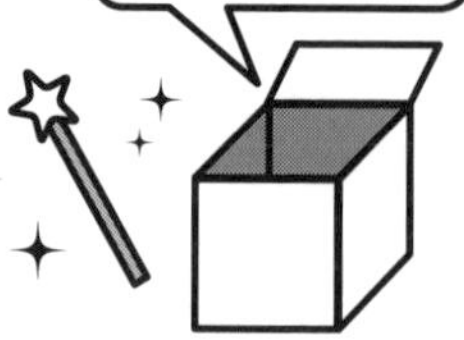

に季節の品などを一時的に保管する、生きたモノ入れでした。箱書き、今で言うラベリングや収納ルールも確立していたので、どんなに詰め込んでも、すぐに目的のモノが出せたといいます。定期的に虫干しを行い、ストックのチェックや管理も行われていました。ただ捨てることを先延ばしするために不用品を詰め込んでいる「現代の蔵」とは決定的に違います。

しかし、**いつの日か必ず誰かが、まとめて「捨てる」というツケを払わなくてはいけない**時がやってくるのです。

親の実家を相続し、いざ、蔵一つ分の量のゴミを処分するとなったら、少なくても**数十万円の処分料**がかかります。昔の蔵のように「お宝」が入っているなら、受け継いだ子どもや孫も満足ですが、負の遺産となる「死蔵」では誰も喜んではくれません。

26 開かずの間

モノがあふれているお宅の特徴に**「窓を開ける習慣がない」**ということがあります。モノに埋もれて窓の存在がわからなくなっていて、開けたくても開けられないという事もありますが、開けられる状況であっても開けないお宅が多いのです。

何年も通気していない部屋は、当然ながら湿気とホコリがたまり、カビが生えて窓のカギは固まっていて、ビクとも動かないようになります。ベッドの下は引越でもなければ動かしませんから、ほこりがじゅうたんのように平らな層になり、ダニやゴキブリの温床になってしまいます。また、窓が閉鎖されていますから、常に電気をつけていないと真っ暗です。

こうしたお宅では、部屋の荷物を乗り越えて、窓を開けることから始めます。

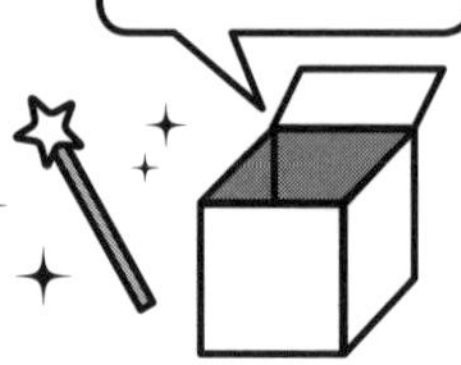

また、窓だけでなく、何年もドアを開けていない部屋が隠されていることもあります。いわゆる**「開かずの間」**です。

ある広いお屋敷で、家族がその部屋の存在を忘れるくらい年季の入った「開かずの間」がありました。ドアの前には、部屋を封印するように大きなタンスが立ちはだかって、その重いタンスをどかすところから始めたのですが、タンスをどけても、今度は部屋の内開きのドアに荷物がつかえて、開けることができません。長年、ドアの隙間から要らないモノを押し込んだ結果でしょう。

ドアの隙間から少しずつ、少しずつ、かきだすように荷物を出して、ようやくドアが開くと、そこにはさらに行く手を阻むように、タンスや家電、本や洋服等様々なモノが積み上げられていました。手前につかえているそれらの荷物をひたすら運び出すと、ようやく、奥のほうにかつて人が使っていた部屋が見えてきました。

その部屋は、まさにタイムスリップしたように時間がとまったままでした。お土産でいただいたクマの置物や、こけしや年代ものの電気スタンドや置き時計などが、そのまま残っていました。そして部屋の奥には廊下があり、そこにホコリを被ったピアノが置いてありました。30代の娘さんは、「家にピアノがあったのをはじめて知った」と驚いていました。

部屋の奥には誰も見たことのなかった窓があり、その窓を開けて、明るい光とさわやかな風が入ったとき、やっとこの部屋の時間が動き出したように感じました。

開かずの間。このドアを、モノの防波堤で塞いでいた理由を、私たちは考えました。片づかない本当の理由は、どんなことなのでしょうか?

その部屋は、お母様がお父様の介護をした時に使われていたそうです。

お母様にとっては、介護のストレスや、大好きなお父様が亡くなった喪失感が大きかったのでしょう。**思い出したくないから、部屋ごと封印してしまったのかもしれません。**

お母様は、最初は、「ここは開けたくない。誰にも入らせたくない」とおっしゃっていました。今回は、家の建て壊しでしかたなく私たちを呼びましたが、それがなかったら、多分ずっとそのままだったでしょう。

たくさんのモノの仕分け整理をする事で、心の区切りになっていったのか、後日、ご新居ができておうかがいした時には、お母様はすっかり、明るいお顔になっていました。

このような「開かずの間」を作らないためには、ふだんからお部屋ひとつひとつの風通しをよくすることです。**おうちがタイムカプセル化しないように、いつもフレッシュ**

な空気や明るい日差しで満ちた部屋にしておくこと。そして、窓や扉をふさぐことも避けたいものです。

27 「結界の亡霊」のように手を出せなかったモノたち

そのお宅は、建て替え予定の**古い大きなお屋敷**でした外からではわからなかったのですが、とにかく、モノ、モノ、モノ…足の踏み場もない状態の部屋が沢山ありました。でも、よく拝見すると、いわゆる片づけの苦手なお宅とは少し様子が違います。散らかっているというより、どう見ても日常生活では使われていなさそうな脈絡のないモノたちが、漫然と放置されて、ホコリを被っているのです。

仕分けをする際、その家の奥様に一つ一つ「これは取っておきますか？」とお聞きするのですが、その奥様は、その一つ一つをさらにお姑さんのところに行って「お義母さん、これは捨ててもいいですか？」と確認されていました。

奥様は60代なのですが、**お嫁にこられてから40年近く、ずっとお姑さんの下で「お嫁**

さん」として働いてこられ、自分の一存で自由に捨てていいモノは一つもない。そんな生活をされてきたそうです。

お姑さんは80代でしたが、とてもしっかりされています。几帳面で、自分の部屋だけはすっきり、きちんと片づいています。そして、自分の部屋からあふれたモノたちは、「捨てないで取っておいてね」と奥様に渡していたようです。奥様は、いいつけを守って、とにかくお姑さんのものは捨てないようにして暮らしてきたのでしょう。積もり積もって、家中にお姑さんのモノが溢れていたというわけです。

荷物を一時保管の倉庫に入れるという仕分け梱包をする時点で、お姑さんはほとんど「捨てるものはない」と言われ、多くのモノを「保管する」と仕分けされました。

その荷物の中には年代ものの濁った梅酒や、うどんを打つために使ったという虫くいのある板、欠けてほこりを被ったお茶碗など、「本当にいるの?」と疑問符が浮かぶモノもありましたが、お客様にとっては思い入れのある品なのかもしれません、指示どおりに梱包しました。

そして、数ヵ月後、すばらしい新居が完成して、荷物を運び込むことになりました。

新居には、奥様とお姑さん、それぞれのキッチンが用意されていました。するとお姑さんは運び入れるモノをチェックしながら、あれほどかたくなに「捨てない」とおっしゃっていたモノを「これはいらない、あれもいらない」とどんどん処分しはじめたのです。新しく美しい自分のキッチンを前に「この古いモノを入れたくない、もういらない」と判断したのでしょう。

かなりの量を処分されたので、新居の各部屋はとても美しく使いやすく収納する事ができました。

長年、お互いが遠慮しあいながら見て見ぬふりをしていた「結界の亡霊のようなモノたち」について、引越という場面になって初めて対峙できたのでしょう。

新しい環境になると、今までの暮らしを新たな目線で見直す事が出来るようになります。もちろん、引越やリフォーム等の大きな変化は大変ですが、モノを見直し、片づける事で引越と同じような効果が期待できるようになります。

後日、再訪した際に奥様がハツラツとして表情も明るくなり、以前よりもずっとお若い印象に変わっておられるのを見て、驚きました。**環境が変わると、そこに住んでいる人も変わる**のだという事を改めて実感した瞬間でした。

処分

28
お部屋は心の鏡 心の片づけを

お客様の心と部屋の状態は、お互いに鏡のように反映しあっています。

お部屋がスッキリと片づくと、お客様の気持ちも晴れやかになります。いままでとは別人のように明るい表情になるお客様を何人も見てきました。

ある奥様の、仕分け梱包をお手伝いした時のことです。

仕分けシートを使って、数日がかりで奥様と「よく使う・時々使う・使わないけど取って置く・捨てる」に分けたのですが、「使わないけど取って置く」と仕分けた衣類が膨大な量で、山のようになっていました。

同じデザインで色違い、デザインがほんの少し違うだけ、そんな同じ感じの物もたくさんでてきました。人の好みはそんなに変わりませんので、ついつい、同じようなアイテムのものを選んで、購入してしまいます。

しかも、ほとんど着ていない新品同様の品で、見るからに高価そうな服も多く、かたわらで見ている私たちから見ても「もう少し減らした方が…」とは言い難いお洋服ばかりでした。

奥様はふと「何でこんなに服があるんだろう？　こんなにあっても着れないわよね…」とつぶやきました。そしてこんな話をされたのです。

「自宅で両親の介護をしていた時期があったの。そのころ、デイサービスを頼んで、時間の隙をみてはタクシーでデパートにかけつけて、『ここからここまでください！』ってそういう買い物をしていたのよ。オシャレな服を来て出かける余裕なんかなかったのに。いま考えると、馬鹿みたいなことをしていたわ…」

「そうですか」とうなずきながら、このあまりにも多い新品の衣類の理由がようやくわかりました。この方は**介護の大変さから、買い物をすることでストレスを解消**していたのでしょう。

自宅にモノが溜まりやすい、片づけられなくなる。

そこには原因が必ずあるのです。

それは、**自分が思ってもいない遠いところに原因があったりします。**ですから、単に、モノを片づけただけでは本当の解決できない事もあります。

仕分けを進めると、**いままでの自分の人生を、モノを通して振り返ることができます。**その過程で、**心のお片づけも自然に進んでいきます。**

なぜこんなにモノが多いのか？　なぜ片づけられなかったのか？　その理由に、自分自身でハッと気づく瞬間が訪れます。

そこまでいけばもう大丈夫！　片づけは飛躍的に進んでいき、スッキリをキープできるようになります。私たちも安心して作業を終了する事ができるのです。

■コラム１
あなたの片づけタイプは？

A	
	旧電話帳がある
	お弁当についてきた割り箸をとっておく
	１年以上とってある、空き箱・包装紙・リボンが沢山ある
	使っていないタッパーが沢山ある
	冷蔵庫に保冷剤が沢山入っている
B	
	読みかけの本・雑誌が放置されている。
	帰ってきたら、鍵・バックを無造作に置いてしまう
	DM、プリントは後で読もうと積んでしまう
	家電のリモコンをなくしたことがある
	前にもらった医者の薬が、治ってもテーブルに置いてある
C	
	小物は定位置を決めないで、とにかく引き出しに入れる
	押し入れはモノが詰め込まれていて、ふすまが開けにくい
	収納扉を開けると、なだれがおきたことがある
	とんでもない場所から探しものが出てきたことがある
	とりあえず、しまっておこうといつも思う
D	
	安いとついつい買ってしまう
	「あげる」と言われると、とりあえずもらってしまう
	路上でもらったティッシュは使っていない
	頂き物は相手に悪いから飾っておく
	ついノベルティ付きの商品を買ってしまう
E	
	収納の本を買ったのに実践していない
	モノが増えると、片付けるために収納用品を買ってしまう
	いらないものをリサイクルに持ち込んだことがない
	どこから片付けに手をつけていいのかわからない
	細かい作業は苦手

■コラム1
あなたの片づけタイプは？

Aが多い➡優柔不断さん　Type	
「もったいない」が口癖になっていませんか？　不要なモノが判断できないタイプ	
モノの賞味期限を決める	何でもとっておきがちなので、「いつまでに使わなかったら捨てる」と期限を決めましょう。
定期的に内容をチェック	ダブっているものや使わないモノが沢山ありませんか？「いつか使うかも」はやめて、即刻処分しましょう。
キレイの気持ちよさを知る	一度キレイな状態にして、その気持ちよさを知りましょう。
Bが多い➡戻しベタさん　Type	
置きっぱなし・出しっぱなしで散らかるタイプ	
モノの定位置を決める	どこに戻すか決まっていないとモノは散乱してしまいがちです。すべてのモノに定位置を用意してあげましょう。
良く使う場所の近くに	モノはあらかじめ良く使う場所の近くに、一緒に使うモノとグループを作って置きましょう。戻し忘れしにくくなります。
動線を考える	出した場所から使う場所への移動がスムーズかどうか、普段の行動パターンをチェックし定位置を考えましょう。
Cが多い➡おおざっぱさん　Type	
寸法も計らずに適当に家具や収納グッズを買い足してしまい、悪化させるタイプ	
使用頻度に合わせる	よく使うものは、取り出しやすくしまいやすい場所に配置しましょう。
ラベルを付ける	モノの定位置が決まったら、忘れないようラベルを貼っておきましょう。定位置の継続に役立ちます。
見せると隠すを使い分ける	しまうだけではなく、出しておいた方が使いやすい場合があります。使い勝手がいい収納を選択しましょう。
Dが多い➡欲張りさん　Type	
安売りやお得に目はなく、同じものを買いだめしてしまうタイプ	
増やした分だけ処分する	新しく購入したら、同じ分だけ処分しましょう。それができないなら、無駄なものは買わないように！
ストック品を把握する	生活必需品の消費ペースを把握しておきましょう。ストック品のダブり買いがなくなります。
一晩考えてから買う	本当にそれが必要ですか?じっくり考えてから購入しましょう。モノを増やさない事がスッキリにつながります。
Eが多い➡ものぐさcouさん　Type	
インテリアや収納本はたくさん持っているが、実際に片付けるのは面倒なタイプ	
ざっくり収納のアイテムを用意	きっちりしまうことがプレッシャーになります。ざっくり大きな枠組みでモノを分類し、使う場所の近くに収納しましょう。
仮置き場を作る	適当に置きっぱなしより、仮置き場を作ったほうが散らからなくてすみます。
定期的にチェック	散らかってきたなと思ったら、定位置に戻すよう見直しましょう。

5章

サマンサのスッキリ整理・実践編

片づかない根本の原因は、片づけ方を知らないことにあります。

本章では、私たちが行っている「お片づけレッスン」を元に、**「モノが家の中に入る、収納する、出る」という基本の流れ**から考えます。

それと同時に、その方の価値観を大切にしながら、無理なく継続して片づけができる方法を、発見していけるよう工夫しています。

29 片づけは学べる！

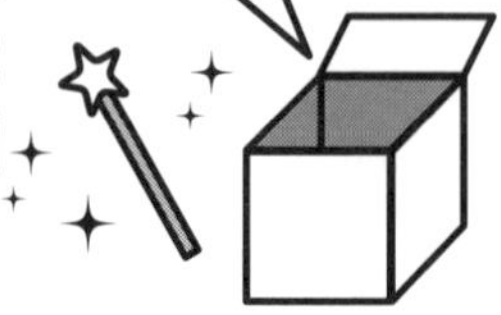

これは片づけが苦手だった私自身が実感していることですが、**片づかない根本の原因は「片づけ方を知らない」ことにあります。**片づけの基本はシンプルです。

モノを　①分ける↓　②減らす↓　③収める

この3ステップで、どんなお宅でもすっきり片づきます。

しかし、いくらモノを減らしてキレイに収納をしても、元のグチャグチャ状態にもどってしまうお宅があるのも事実です。いわゆる、リバウンドです。

リバウンドしたら恥ずかしい？

いえいえ、そんなことはありません。

長年苦手だった片づけが、たった一回で上手になれるなら素晴らしいですが、**サマンサの魔法**もそこまで万能ではありません。

私たちは、リバウンドはしてもいいと思っています。リバウンドをするということは、収納方法がその方には合っていなかったという事です。それなら、他の方法を試してみればいいのです。**片づけ上手な人でも、しっくりくる収納方法を見つけるまで、みんな試行錯誤をしてきた**のです。

同じお宅に何度もうかがい、一緒に片づけをしていると、だんだん片づいた状態をキープできる期間が長くなっていきます。その結果、数年がかりで片づけをマスターしたお客様もいらっしゃいます。また、数ヶ月に一度、サービスを頼むことで、キレイな状態を維持している方もいらっしゃいます。

個人のペースに合わせて、ゆっくりでいいのです。片づけのやり方、ルールを体得し、自分のものにしていくうちに、**暮らしの快適度はどんどんアップして、自信につながっていきます。**

「たくさんのインテリア雑誌や整理収納本を買っても、いざ、自分の部屋を片づけようと思った時に、どこから手をつけたらいいのかわからない」そんな声を多く聞いてきました。整理本にでている部屋の広さ、収納の形状、荷物の量、あなた自身の暮らし方などたくさんの条件が違いますから、本と同じようにできなくても落ちこむことはありません。自分にぴったりくる片づけの仕方がきっと見つけられます。今の暮らしを見直し、やり方を覚えれば、片づけは難しいことではなくなります。

30 片づけの基本　3ステップ

片づけるとは、**「モノを決まった住所（定位置）に収めること。そしてその状態をキープしつづけること」**です。

まずは部屋中に散らかった雑多なモノを **①分ける↓ ②減らす↓ ③収める** の3ステップで片づけていきます。片づけに苦手意識がある人も、この3ステップで段階を踏んでいけば大丈夫です。

片づけを始める前に、どんな部屋に住みたいのか、その部屋でどんなことをしたいのか、しっかりイメージしてください。

「こんな部屋でゆっくり紅茶を飲みたい」

「家族でゆったりと食事をしたい」

など、自分の理想の生活や部屋を具体的に想像するのがコツです。

どこから手をつけていいかわからない人は**「一番使用頻度の高い小さい場所から始める」と良いでしょう。たとえば、毎日何度も使うキッチンの一番上の引出しなどです。**

そして次に大切なのは、**「短時間に集中して行うこと」**です。一日かけても終わらなかったり一度にすべてを片づけようとしても、途中で疲れて長続きしません。私たちプロでさえ、がんばってもせいぜい4時間が限界です。ダラダラやるのではなく、**最初はタイマーを15分にセット**して、集中して片づけてください。

■片づけの 3 Step

片付ける
=
決まった場所に納める事

分ける

分けると頭もスッキリ。「分ける」を
しっかりやると「減らす」はラクラク

▼

減らす

不要な物を取り除くと、
大切なものが見つけやすくなる

▼

収める

使いやすく、戻しやすい収納をめざす。
使ったらしまうの片づけルールを習慣化

31 ステップ1　分ける

お片づけのはじめの一歩は、**「モノを分ける」**ことです。

モノが分けられないいまま無秩序に置かれていくと、何がどこにあるかまったく見当がつかない、カオス系の汚部屋になってしまいます。

いつも「あれがない、これがない」と積み上がったモノを掘りかえして、バタバタあわてていませんか？　そんな不自由な生活を解消する手段となるのが「仕分け」です。

私たちも、お客様のお宅に入って片づけに取りかかるときには、積まれているモノを大雑把に仕分けすることから始めます。

その様子を見て「片づけるって『分ける』ことだったの？」と驚かれたお客様がいましたが、その通りです。

片づけは「分ける」ことから始まるのです。

はじめは大雑把に、服、本、食品、書類、文具、仕事のモノ、オモチャ、そしてゴミ・・と大きなジャンルで分けて、積んでいきます。

ゴミは、あらかじめ「燃えるゴミ」・「燃えないゴミ」・「プラスチックゴミ」、「びん・かん」など、その地域のゴミ収集ルールに合わせて分別しながら捨てていくと、そのままゴミ出しができて楽です。

そして、**大きく分けたそれぞれのジャンルを、さらに細かく仕分けしていきます。**

モノの分け方は、家族構成や、その人の生活パターン、行動パターンによっても変わってきますが、ここでは、私たちが使っている分け方をご紹介します。

大きなジャンル分け

ファッション・衣類……洋服、靴、帽子、ベルト
タオル……ハンカチ、タオル、手ぬぐいなど
理容・美容……化粧品、整髪料、薬
本……雑誌、本、新聞

書類……手紙、領収書など紙モノ
記録・メディア……写真・ビデオ、CD
機械……カメラ、パソコン周辺機器、電池、コード
子どものもの……オモチャ、洋服、学校のモノ、習い事のモノ
キッチンのもの……食品・食器・調理器具
スポーツ……ラケット、サッカーボール、バッド、自転車など

32 ステップ2　減らす

モノを分けたら、今度はこれらのモノを、**使用頻度**で分けます。使っていないモノ、いらないモノを減らしていきましょう。ジャンル別に積まれたモノをじっくり見てください。思っていたよりも多くのモノを持っていたのではないでしょうか？　何年も使っていないモノや、買ったことすら忘れていたモノはありませんでしたか？

それぞれのモノを、使用頻度で分けます。

「よく使っている」「時々使っている」「使っていないがとっておく」「使っていない（捨てる）」の４つに分類してみてください。

※「使える」ｏｒ「使えない」で分けると、ほとんどが「使える」になってしまうので注意！

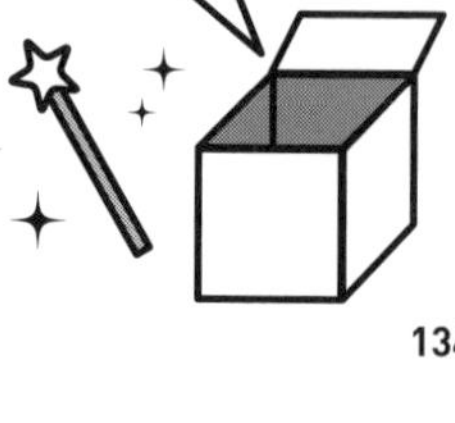

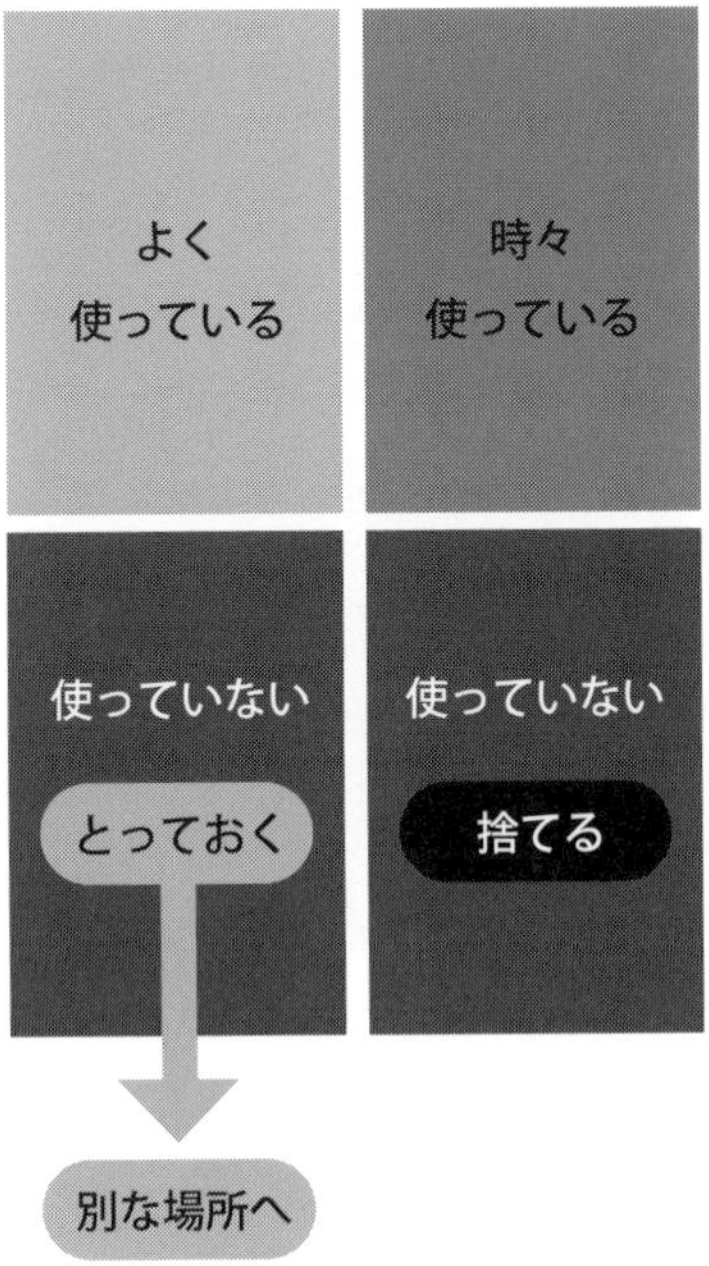

こう言うと、お客様のなかには「使っていない」に分類すると捨てられてしまうのではないかと警戒して、なんでも「使っている」に分ける方がいます。**それほど「捨てる」ことが怖いのです。**それはなぜでしょう?

「いつか使うかもしれない」「もったいない」「思い入れがあるので捨てられない」

玄関に何年も置きっぱなしの、使っていない大きなゴルフバッグ。

クローゼットを占有している、何年も着ていないダウンコート。

モノがいいから。頂いたモノだから。いつか使うかもしれないから。買ったときは高価だったから……。

捨てられない理由はたくさんあります。

しかし、そんな捨てられないモノたちに家のなかを占領されて、それがイライラの原因になっているとしたらどうでしょう。できたら、早く片づけたいと思いませんか？

それでも捨てられないというときには**「考え中」として迷うモノに対して結論が出るまでの時間を設ける方法**を選択します。

分け方は簡単です。自分に正直に、**「使っている」「使っていない」**の使用頻度でモノを分ければよいのです。

「使っていない」モノは、最終的に**「処分する」「とっておく」「考え中」**に分けます。

「とっておく」と「考え中」のものは、段ボールに梱包して、「何が入っているか」「いつ入れたか」を箱に書き、納戸や物置きなどの生活の邪魔にならない場所に保管します。家に余裕がない場合はトランクルームや倉庫などを利用するのもよいでしょう。

なお、スペースにも限りがあるので、「考え中」のものはあらかじめ「○年○月○日」と保管期限を決めておくことをお勧めしています。

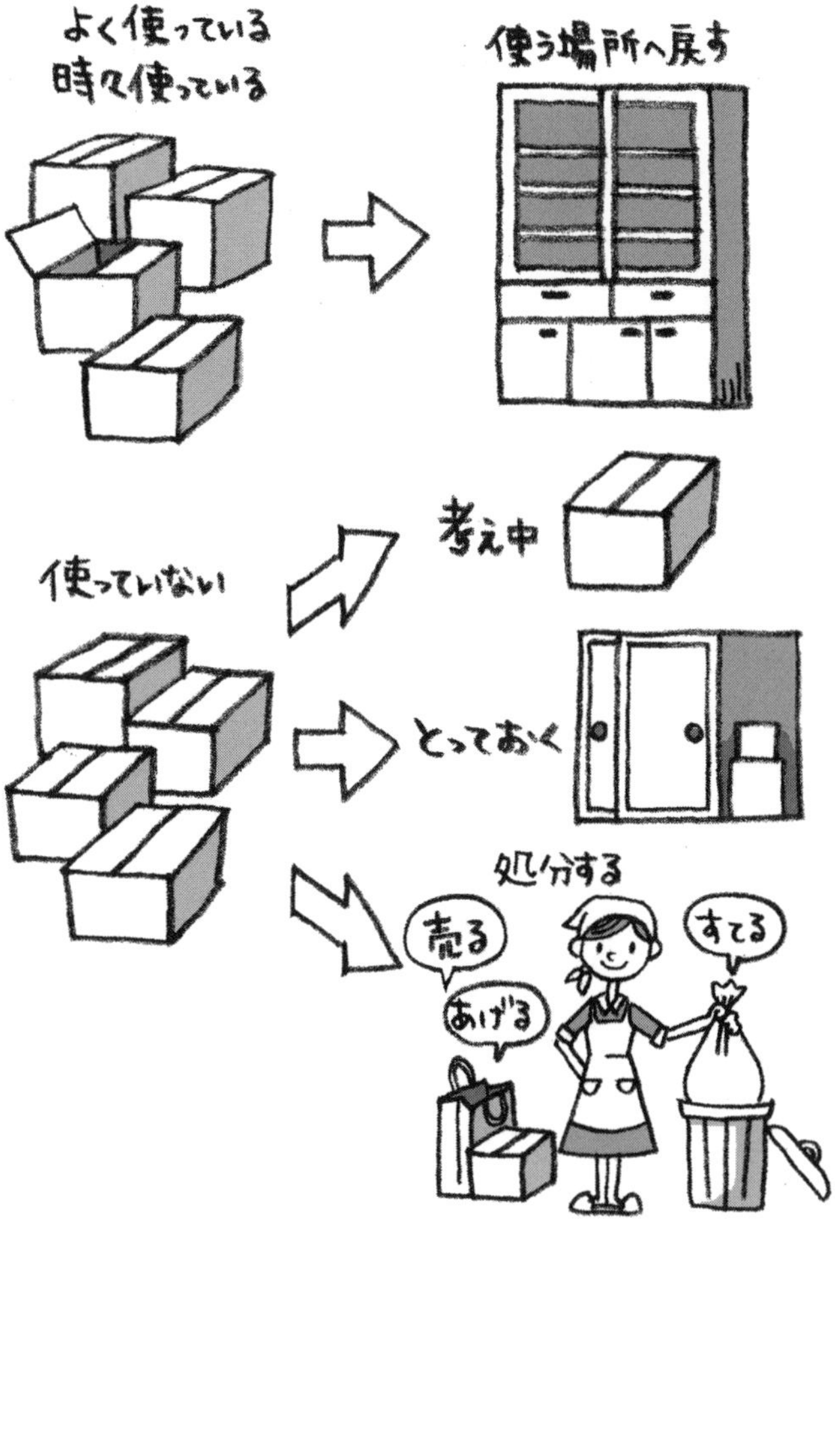

いきなり捨てるよりも、一旦隔離して「本当に使わなかった」と実感してから処分す

る方が、ずっと心理的なハードルは低くなるからです。

使わないモノにご退場いただくと、生活スペースにあるのは「使っている」モノだけになります。

使っているモノだけがすっきりと使いやすく収まった生活は、本当にラクで心地よいものです。**一度この生活を体感すると、「なぜ使いもしないモノにあんなに振り回されていたのだろう？」と不思議に思えてきます。**

実は、自分が管理し、使いこなせるモノの量はそれほど多くありません。

「手放す」とは、文字通り、手からモノを放すこと。そうすることで、**あなたの手は執着や過去のしがらみから解放され、新たによりよいもの、好きなモノを掴むことができるのです。**

「痩せたら着る」と言って、若いころの洋服を捨てられない人がいます。

では、実際に痩せた自分をイメージしてみましょう。がんばって痩せた自分に、20年も前の古臭い服を着せたいですか？　スッキリ痩せたあなたには、今の流行に合った新しい服の方が、ずっと似合うはずです。

執着していたモノから解放されると、今のあなたにふさわしいものが見えてきます。

33 ステップ3　収める

身の回りの品が「使うモノ」だけになったら、最後のステップ「**収める**」です。

片づける＝モノの住所（定位置）を決めて、使ったら必ず同じ場所に戻すこと。

たったこれだけのことなのです。なのに、なぜそれができないのか？

モノを定位置に戻せなくなる原因は大きく分けて2つあります。

一つは「決めたモノの定位置を忘れてしまう」ということ。何百とある持ちモノ、すぐに住所を覚えるのは簡単ではありません。

そこでおすすめしているのは、**「ラベリング」です。モノの住所を決めたら、モノの表札を出しておくのです。**

市販のラベルシールやテプラを使用すると綺麗ですが、なければメモや付箋をセロテープで貼るだけでもかまいません。モノの名前が書いてあると、何をどこに置けばいいのか一目瞭然なので、あなた以外の家族も自然に定位置に戻すようになり、片づけが習慣化します。

二つ目の原因は、「定位置に戻すのがめんどうくさい」からです。

人間というものは、基本的にめんどうくさがり屋です。私自身も、重度のめんどうくさがり屋だと自認しています。だからこそ、「どうしたら手間がはぶけるのか」をいつも考えています。

モノを定位置に戻せるようにするには、**「ラクに使えて、ラクに定位置に戻せる」**収納環境を整えることです。その結果たどり着いた、ラクラク収納ルールは、次の５つです。

ラクラク収納５ルール

１・モノを減らす
２・行動パターンにあった収納
３・いつも使うモノは一等地に

4・一緒に使うモノはひとまとめ
5・出し入れしやすく

1・モノを減らす…自分が管理できるモノの許容量は人によって違いますが、モノが多いと、それだけ管理の手間がかかり、片づけや掃除も大変になります。
たとえば、はさみ。いつも使いやすい定位置に戻されていれば、同じ場所に2本も3本もいりません。思い切って**1本だけに**減らしましょう。

2・行動パターンにあった収納…**家族が「つい置いてしまう」場所に収納をつくる**と、みんながラクに片づけできます。たとえば、ソファの上に脱いだコートが気になるなら、ソファの脇にコートかけを。玄関に小銭や鍵でゴチャゴチャならトレーを置いて小物の置き場所を作るなど。そうすると自然に片づきます。

3・いつも使うモノは一等地に…**手を伸ばして楽に届く範囲（地上90cm〜180cm位）が収納のゴールデンゾーン。**スーパーマーケットで売れ筋商品が置かれるのもこの範囲です。高齢になると、高い場所の収納や床下収納などは、身体的にも負担になり結局使えないので、そのまま放置することになってしまいます。いつも使うモノは、一番出しやすくしまいやすい場所に置きましょう。

■使用頻度に分ける

●いつも使っている
●1週間に1回
●月に1回
●年に1回

■収納場所を決める

●いつも使っている
→取り出しやすく、しまいやすい場所
●1週間に1回
→背伸びしてとれる、しゃがんでとれる
●月に1回
→背伸びしてとれる、しゃがんでとれる
●年に1回
→椅子に乗ってとれる

★ポイント

●場所がしっくりこなかったら、置きやすい場所に移動する
→習慣で癖がついているものは変えるのに時間がかかる
●家族がわかるように収納する
→1つの場所に1種類が原則
●収納はゆったりが使い易い第1歩
→自分が整理できる許容範囲を狭くシンプルにする

4・一緒に使うモノはひとまとめ…カトラリーセット（ナイフ・フォーク・スプーン・はし）や朝食セット（マーガリン、ジャム、チーズ）など、一緒に使うものをトレーやカゴにひとまとめにしておくと、そのまま出し入れできるので効率的です。

5・出し入れしやすく…出し入れの動作が簡潔でスムーズなほど使いやすい収納になります。

出し入れしやすい**収納のコツは「重ねない」こと。**

たとえば、どこのご家庭にもある大皿。収納する際に、上に他のモノを重ねてしまうと、取り出すために、いちいち上のモノをどけて、出してからまた上のモノを元に戻さねばなりません。この手間が億劫で、だんだん使わなくなってしまいます。

使わないとホコリや汚れでベタつき、使う前に洗い直さなくてはいけないので、ますます使うのが億劫になるという悪循環になります。

書類ケースを使って立てて置くようにしたり、棚板と端材を使って簡易棚を作ったりすれば、スムーズに出し入れできるようになります。

34 片づけられない場所ワースト3 収納法「キッチン編」

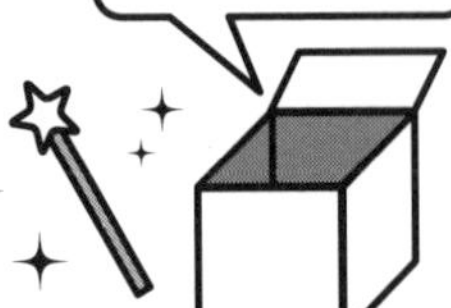

毎日使うキッチン。なのに、片づいていないことが原因で「使いづらい」と感じている主婦が大変多いのが現状です。

雑多なモノが出しっぱなしになっていると、おそうじがしにくいのでキッチンは汚くなってしまいます。すると、知らず知らずのうちに「こんな汚いキッチンに立ちたくない」「料理も作りたくない」という気持ちになり、ますます負の連鎖を呼んでしまいます。

キッチンは毎日使う場所です。整理整頓できていると、調理もしやすくなり、作業も手早くできるようになり、キッチンを立つことが楽しくなってきます。

収納の方法としては、次の「らくらく収納5ルール」に沿って効率的な収納を考えていきましょう。

〈らくらく収納5ルール〉

1・モノを減らす…同じものをいくつも持っていませんか？　普段使う、**カトラリーは家族の人数分＋2つもあれば十分**です。来客が多くそれでは足りないと言う方は、1週間で何人の来客があったかリサーチしてみてください。その最大がその家の分量という事です。その場合でも、来客分の湯飲みや茶菓子用のお皿は普段使いと別に収納してください。

　使っているモノがモノの住所（定位置）にスッキリと収まっていると、何をどこにしまえばいいのか一目瞭然なので、片づいた状態をキープできるようになります。

2・行動パターンにあった収納…料理をする際の、行動動線を考えてみましょう。

たとえば、フライパンとお鍋はどちらも「鍋」というくくりで同じ収納場所にしまいがちですが、お鍋はそのまま火にかけるよりも、まず水を入れることの方が多いはずです。一方フライパンは、収納場所から出して、そのままコンロにかけることが多いでしょう。

出してすぐ使う行動動線から考えると、お鍋はシンクの下、フライパンはコンロの下に住所を決めた方が取り出しやすく戻しやすい収納となります。

■関連するものをまとめる

大分類	中分類	小分類
食品収納（冷蔵庫、食品庫）	食品	冷蔵品、冷凍品、缶詰、乾物
シンク（水を使う）	洗う 調理用品	洗剤、スポンジ、たわし 包丁、まな板、鍋、ザル
ガス台（火を使う）	調理用品 調理器 調味料	おたま、さいばし フライパン、中華鍋 塩、砂糖、醤油、油
食器棚	食器 カトラリー	お皿、グラス、お茶碗 はし、スプーン

3・いつも使うモノは一等地に…日常使いの食器や出番の多い道具こそ、一番出し入れしやすい位置に置きましょう。

4・一緒に使うモノはひとまとめ…お菓子を作る時に使うモノ、お弁当を作る時に使うモノなど、同時に使う物はカゴなどにひとまとめにしておくと作業効率がアップします。

5・出し入れしやすく…キッチンは複数の調理を同時にこなす作業場です。動線にあった場所にモノの住所を決めて、ラクに出し入れできる収納を心がけると、使い勝手がよくなります。

理想は、小料理屋やお寿司屋さんのカウンターです。

狭いカウンターの中で、板前さんはほとんど歩かない状態で、向きを変えたり手を伸ばすだけで、材料を出す↓調理する↓お皿に盛ってお客様に出す、という一連の作業を

■ごちゃごちゃ状態

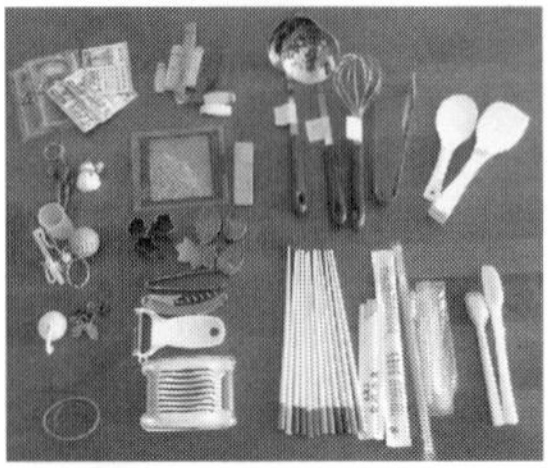
■種類別に分ける

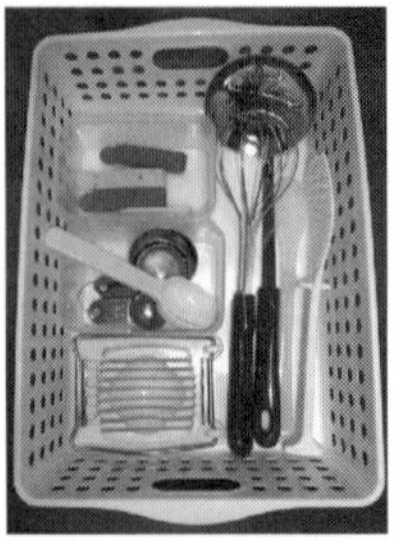
■使っているモノだけもどす

スムーズに行っています。すべてのモノが、**手を伸ばせばすぐに、ワンアクションで使える場所にスタンバイしてある**からこその動きなのです。

エアクッキングをしてみましょう

「サマンサ」のお片付けレッスンでは、実際の自宅キッチンでの動線を確かめるために、「エアクッキング」、つまり実際に料理をしているように動いてもらいます。

「今から目玉焼きをつくります。最初に、キッチンの入口にたちます。ここを基準点にして、1作業ごとに1歩、最後まで歩いたら何歩になるか、カウントしてください」

目卵焼きをつくる動作は、次のような流れになります。

フライパンを出す↓コンロの上に乗せ火にかける↓油をひく↓卵を冷蔵庫から出して割り入れる↓お水をいれる↓フタをして蒸す↓お皿を出す↓卵焼きを盛り付ける。

シンプルな目玉焼きでも、これだけの動きが必要なのです。

一番の理想は、コンロの前からできるだけ動かず、手を伸ばすだけで一連の作業ができることです。しかし、実際に自分のキッチンをシミュレーションして歩数をカウントすると、自分でも気付かないうちに相当歩いていることがわかります。

卵を取るために隣の部屋の冷蔵庫まで行かなくてはいけないとか、お皿を取りにリビングの食器棚まで行くという人もいます。

どうすれば、歩数を減らして使いやすいキッチンにできるでしょうか？

食器棚が大きくてリビングにしかおけないなら、ふだん使いの食器だけでも、キッチンの戸棚や引き出し収納に入れれば、取り出しがラクになります。油は、コンロ台の近くを定位置にすると、作業がスムーズになり、調理時間の大幅な短縮になるはずです。

あまりにも日常的に行っている動作なので、自分の行動を深く考える事はなかったと思いますが、フライパンをコンロ下に置いただけで、こんなにラクに作業ができた事に、驚かれる方も少なくありません。**行動動線から置き場所を考える**と、自分なりの新しい発想が見えてきます。

■キッチン動線

■キッチンの配置や形は千差万別。自分のキッチンでの動きをシミュレーションしながら、効率的な動線を確認していきます。

ちなみに、今まで一番コンロ台からの歩数が少なかったのは、若い男性でした。ほぼ0歩か1歩。手を伸ばすだけで一連の作業が完成してしまうコックピットのようなキッチンで、とても機能的な配置になっていました。

主婦は、「広いキッチン」「収納がたっぷりあるキッチン」に憧れます。もっと収納がたくさんあったら片づくのに…私もかつてはそう思っていました。

しかし、広くてモノがたくさん収納できるキッチンは、その分だけ動線も長くなり、モノを管理をするのも一苦労です。さらに、年々歳をとってくると、床下収納や高い吊り棚は身体的にだんだん使えなくなってしまいます。

「機能的で使いやすいキッチン」は、必ずしも広さや収納力とイコールではないのです。

ゴミ箱の片づけ方

キッチンがすっきりしない隠れた原因は、ゴミ箱の存在にあります。

家庭ゴミは増え続けているにも関わらず、日本のキッチンは設計段階でゴミ箱のスペースを充分にとっていません。だからゴミ箱がキッチン動線の邪魔になったり、捨てにくい離れた位置に置かれたりしています。

ゴミ箱の周辺にゴミが積まれているお宅もよく見かけます。分別ゴミの瓶や缶、ペットボトル。ゴミ箱から溢れたゴミを入れたレジ袋。まるで管理の悪いゴミ集積所状態です。

これには3つ原因があります。

1・分別ゴミの置き場所が決まっていない

ゴミ箱は、「ゴミというモノ」の収納場所です。モノは置き場を決めてあげないと散らかってしまいます。

2・ゴミ箱が小さい

容量オーバーであふれる場合は、もっと大きいゴミ箱に変えましょう。

コンビニの利用率が高いと、お弁当やカップ麺、ペットボトルなどの**プラスチックゴミの量が飛躍的に増えます。**いつでもゴミだしができるマンションにお住まいならよいのですが、プラゴミが週1回しか出せない家の場合は、すぐにあふれてしまいます。かさばるプラゴミはなるべく持ち込まない。**入れたらすぐに出すということを意識**しましょう。

また、あまりに大きなゴミ袋を使うと、ついついいっぱいになるまでゴミを溜めてしまう傾向があります。「ゴミの日には必ずゴミをだす」「部屋からゴミをおい出す」を習慣にして部屋のキレイを維持していきましょう。

3・使いづらい

ゴミ箱も収納と同じく、1〜2アクションでアクセスできるようにしないと、捨てるのがめんどうになって、周辺にゴミが散乱します。特にフタ付ゴミ箱の場合、上にゴミやモノを置いてしまうと、フタが開かなくなるので散らかる原因になります。

また、置き場所も重要です。**ゴミ箱は毎日何度も使う、最も使用頻度が高いモノです。家中で一番アクセスしやすい、いい場所に配置するようにしましょう。**

35 片づけられない場所ワースト3 収納法「クローゼット編」

女性の一番の悩みは衣類整理です!

たくさんの服はあるけど……今日着ていく服がない!?
そんな悩みを持っている方はたくさんいます。
衣類の整理をすると、毎朝着ていく服が、悩まなくてもすぐ決まるようになります。
イメージしてください、大好きな洋服だけが整然と並ぶ、素敵なクローゼット!
そんなクローゼットを目指して、洋服の片づけを始めましょう。

洋服の片づけも、基本は3ステップ。**1・分ける、2・減らす、3・収める**です。

1・分ける

クローゼットの整理は、大雑把に種類ごとに分けてみます。スカート、パンツ、Tシャツ、ブラウス…様々な種類の洋服をお持ちのことだと思います。

持っている衣類を全部出したいところですが、実際に持っている衣類を全部出したら、大変なことになってしまう人のほうが多いのです。

ですから、最初は引き出し一つ分や、ハンガーラック1つ分からでいいのです。**今日できる分だけ整理する。また衣類ならTシャツだけ整理するなど、短時間でできる方法をお勧め**します。

2・減らす

次に**「使っている」「使っていない」**という使用頻度で分け、**「使っていないもの」**は処分するか、とっておくか、決めます。

毎年変わる流行にのって衣類を購入していると、あっという間にクローゼットからあふれてしまいます。増やさない事はおしゃれ好きの女性にとって大変むずかしい事かもしれませんが、購入の仕方に特に気をつけなくてはいけません。**家の中に安易に物を入れることが片づかない大きな原因**だからです。

衣類の整理の大きな目的は、今自分が何を所有していて、何を着ているのかを見極める事です。つまり、**整理をすることで、足りない衣類や小物などが見えてきます。**

すると、「安くなっていたから買う」、「たまたま目についたから買う」という衝動買いから、「必要だから（使うから）買う」にシフトしていくようになって、自然に「無駄買い」や「二重買い」をなくすことができるようになってきます。

また、購入する時に色違いやシリーズで何枚も買うのはやめましょう。**まずは一番必要な色、必要な服だけを買って実際に着てみて、**それでも他の服も必要だと思ったら買い足していくという考え方に、脳をチェンジしていきましょう。

種類ごとにわけ、減らし、収納。ここまで、各作業15分のタイマーをかけて作業しましょう。もう少しできるようなら、あと15分。あまり無理せず、短時間に集中して作業します。

リビングなどに大量の衣類が積み重なっている場合は、最初に誰の物なのかを分ける所から始めてください。それぞれ個人の所有が分けられたら次に、種類別に分ける、減らす、収めるを順番通りに進めていきます。

以前、「このTシャツはだれの物?」と家族全員に聞いても誰の物なのか分からない、という不思議な事がありました。もちろん、**着る人がいなければ、それは捨てる対象になる**という事です。

「第3者の目」で選ぶ

「これ、高かったんだけど・・まだ着られるかしら？」とお客様にたずねられたときは、**「着てみたらいかがですか？」**とお答えしています。

実際に着替えなくても、鏡の前で洋服をあててみるだけでも、処分するかどうかの判断がしやすくなります。

好きで買ったけれど、あててみるとなんとなく似合わない。柄はすてきだけれど、顔うつりがよくない。昔は似合っていたけれど、年を重ねて似合わなくなった、デザインがどことなく古臭い。色があせているなど**「思っていたイメージと違うな」と気づく点が見つかる**ようです。

もうひとつお薦めは、実際に**洋服を着てみてデジカメや携帯のカメラで写真を撮り客**

観的に見てみる事です。

それを着て、どこに行こうか？　いつ着るのか？

想像できますか？

想像できたら着る機会があると言う事です。でも、ちょっとどこにも行けないと思うのなら、それは、今後ずっと着る機会はないと言えます。

人間には好みというものがありますから、**実は同じようなタイプの服ばかり持っているる**ということもあります。

あるお客様の場合、残った洋服を分類して並べてみたら、黒いTシャツが20枚くらいあり、「え？こんなにあったの？」と驚かれたこともありました。

新居に全部の洋服が入ればいいですが、収納スペースが狭くなる場合は、今着ている服から優先順位を考え、選んで収納していきます。

迷うのはサイズもぴったり、素材もデザインも気に入っているという洋服がたくさんある場合です。

「同じように見えても少しずつ違うので、迷ってしまって選べない」という場合は、その中でも一番お気に入りで、着やすいものを選んでいく作業になります。

3・収める

●吊るす…しわや型くずれが気になる素材、または、厚手でかさばるコートやジャケット等は、吊るして収納します。

吊るす場合の適正量は、コートやジャケットなどの厚地の洋服の場合、ポールの長さ÷5センチです。長さ90㎝のポールなら18枚を目安にしてみましょう。

シャツやブラウスなど薄地の場合は、ポールの長さ÷2・5センチで、90㎝のポールなら36枚。厚手と薄手が混合の場合は、ポールの長さ÷3〜4を基準にしましょう。ハンガーの移動がスムーズにできる量にします。

●たたむ…収納ケースや整理ダンスに入れる場合は、高さに合わせて縦に収納すると、選びやすく取り出すのも簡単です。

※たたむのが面倒で片づかなくなるという方は、**家族分のカゴを用意して、洗濯したら放り込むだけという収納法**もあります。長く継続する為には、無理をせず自分がラクにできる方法を選択する事がポイントです。

着ていない洋服の「見える化」

クローゼットの衣類、どのくらいの服が現役で活躍しているのか、目に見えるようにする方法があります。

まず、シーズンの初旬にクローゼットの一番右側に、目印になるハンガー（他と違う色、リボンを結んでもよいでしょう）をかけます。それから**着た服は、必ず目印ハンガーの右側にかけていくようにするのです。シーズンが終わり衣替えの時期に「今シーズン着たものはこれだけ」**というのが、視覚でわかります。

試しに、1ヶ月でいいので仕切りをつくって、その仕切りの片方だけに着たものを戻してください。この1ヶ月で何着の服を着ましたか？

「全部必要だと思っていたけど、あら、私って3着しか着なかったのね」というような方が大半です。結局、多くの方が着ていない服を持ちすぎているのです。

■着ていない洋服を見える化

・着たら空のハンガー（右から3番目）の右にかける。
・空のハンガーの左側は、まだ着てない服で、衣替えに減らす候補に。

「2年着なかった服は、捨てましょう」などと書かれている本もありますが、普通のご家庭では、今年も、去年も着ていない服はたくさんあります。そうしているうちに、あっという間に4、5年たってしまいます。

スペースや収納に余裕があるお宅では、何十年分も洋服が溜まっていることがあります。クローゼットがいっぱいになったらハンガーラックやカラーボックスを買い足して着てない服を収納しています。

そんなときは、**「どれだけ着ていないか」という事実を視覚化し、自覚する**ことで、「減らす」「捨てる」ことへの抵抗感を減らしていきましょう。

片づけ最後のハードルは「ゴミ出し」

片づけに慣れていないお客様にとって、片づけ最後のハードルは「ゴミ出し」です。片づけをすると大量のゴミがでますが、それがゴミの日まで積んであると、せっかく片づけたのにキレイになった気がしません。むしろ前よりひどくなったとすら感じます。加えて、半透明のゴミ袋ですと中味が見えるので、**ついつい「これは、まだ使える」と拾い出したくなる誘惑に**かられます。これでは、すぐに元どおりになってしまいます。

ゴミの日の前日に整理して、すぐに、ゴミを出しましょう。ゴミがなくなると、片づけてすぐにスッキリ生活が始められるので「やった！」という達成感を味わうことができ、その後の片づけのモチベーション維持にもつながります。

■クローゼット収納分類表をつくろう

		アイテム	保有数	着てない1年		着てない2年		着てない3年	
				色	数	色	数	色	数
夏物	かける	ジャケット	2						
		ブラウス	1						
		スラックス	3	ブルー	1				
		スカート	1					チェニック	1
		礼服	1						
	たたむ	半袖Tシャツ	12						
		半袖シャツ	7			紺スモック	1		
		半袖ブラウス	7			黒チェニック	1		
		タンクトップ	2						
		ジャージ	3						
		Gパン	2						
		ハーフパンツ	3						
	計		44		1		2		1
冬物	かける	スーツ	1						
		シャツ	1						
		ブラウス	2						
		スラックス	4			黒	1		
		コート	3						
		皮コート	4						
		ジャケット	2						
		礼服	1						
	たたむ	ツィーンセーター	4						
		セーター	4			グレータートル	1		
		ポロ	3						
		トレーナー	3						
		パーカー	3						
		Gパン	3						
		スラックス	8						
		長袖Tシャツ	6						
		シャツ	4						
	計		56		0		2		0
	合計		100		1		4		1

■この様に表にすると何を何枚持っているかハッキリ自覚できます。
まだまだ着ていない服があることに気づかされます。

■クローゼット整理収納

■吊るすもの・畳むものちゃんと分ければ、
このとおり、あまり捨てなくともスッキリ収まります。

■立てて収納すると、どこに何があるか、一目瞭然。探す手間無く、乱れません。

36 片づけられない場所ワースト3 収納法「バッグ編」

バックも、つい増えてしまうモノの代表格です。

特にブランドもののバッグなどは、丈夫で長く使うことができ、高価でもあるので、なかなか処分しにくいアイテムです。しかし**一生モノだと思って買っても、実際には流行がある**ので、何十年も同じバッグを使っているという人はあまりいません。

ある50代の奥様のお宅のクローゼットからは、娘時代に大流行したブランドもののバッグが出てきました。私も同世代なので**「ああ、懐かしいな!」と思ったのですが、このバッグがはやったのは30~40年前です。**

セリーヌ、レノマ、ハンティングワールド、ヴィトン、シャネル、エルメス、グッチ、プラダ…、ここ数十年のバッグの流行の変遷史を見るようなコレクションでした。

おしゃれな方なので、新しいバッグもたくさんあるのですが、古いバッグも置いておけるから捨てる必要もない。それでどんどん増えてしまうのです。

バッグの整理も、基本は3ステップ。**「1・分ける」「2・減らす」「3・収める」**です。

1・分ける…持っているバッグをすべて出して、仕分けしてみましょう。旅行用バッグ・トランク・ハンドバッグ・通勤用バッグ・冠婚葬祭用など、用途別に分けてみます。

※大量のバックをおもちの方は、まず、明らかに不用なものを、収納してある状態で減らしていきます。棚一列からはじめてもいいでしょう、数回に分けて仕分けをします。

2・減らす…**3年以上使っていないバッグから、処分を**考えてみましょう。

一度のおでかけに使うバッグは基本的にひとつ。使わないバッグがたくさんあっても不思議ではありません。洋服と同じように使っていない**バッグも「見える化」**しましょう。

バッグの置き場を決めて、**使ったものを右に置くようにします。ずっと左側にあるバッグは、使っていないということです。**

一見キレイでも、長年使っていないバッグはカビがはえたり、内側がべたついて使えなくなっていることがあります。特に冠婚葬祭用のバックなどは、時々点検する事をお勧めします。

3・収める…バッグの収納は、サイズもまちまち、おまけに持ち手やベルトがあり、素材も様々で型崩れさせたくないものもあるのでスッキリ収めるのが難しいものです。**ブックエンドを使って立てたり、同じタイプのバックをカゴやバケツに入れるとスッキリみえます。**

■バック収納　キレイ point

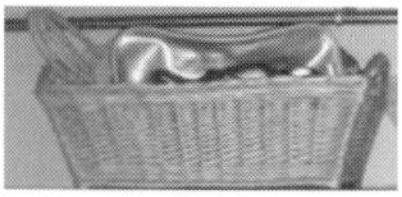

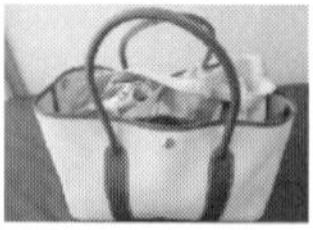

■サイズもまちまち、おまけに持ち手やベルトがあって、スッキリ見えないバッグ収納。ブックエンドを使って立てたり、カゴやバケツに入れるとスッキリみえます。大きめのバッグにいれるのもアイデアのひとつ。

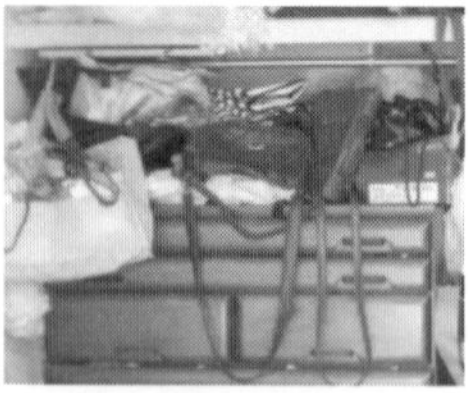

●「バッグの中」の収納

いつも持っているバッグの中。皆さんはどのように整理していますか？
支払いのときに財布を探してまごまごしたり、携帯が鳴っているのにどこに入れたか見つからなかったり、玄関前でいつも鍵をさがしていたり…そんな経験はないでしょうか。その原因は、バックの中のモノの置き場所が決まっていないことにあります。

バッグの中は、一番身近な収納の基本が学べるアイテムです。
収納の基本にそって、欲しいものがサッと出てくるバッグの収納を考えてみましょう。

1・分ける
まず、バッグの中身を全部出してみましょう。もらったティッシュ、レシート、チラシ、読み終わった単行本などいらないモノがたくさんありませんか？

2・減らす
いるモノ、いらないモノに分けていきます。レシートやチラシなどいらないモノは、捨てましょう。その中から、バッグの中に入れなくてはいけないもの、必要なものを選びます。

■バッグの中の収納は全ての基本

●1日に何度も使う

→携帯、小銭入れ、メガネ（すぐ出せる場所）

●1日数回使う

→財布、カギ、定期、化粧品、手帳

●1週間、1ヶ月に数回使う

→カード、薬、付箋

●滅多に使わない

→免許証

※使用頻度は人によって異なります

■バッグの中にセットにしておくと便利なモノ

化粧ポーチ	口紅、鏡、コンパクト
薬セット	バンドエイド、常備薬
文具	手帳、ペンケース、付箋

3・収める

使用頻度と重要度に応じて、入れる場所を決めていきます。

携帯電話……高い使用頻度
家のカギ……外出時、帰宅時の2回の使用
定期……電車・バスの乗り降りで使用

緊急度で分ける……携帯・定期（すぐ取り出せる場所）
貴重度で分ける……財布・カギ・免許書（落とさない場所）

●バッグについているポケットの使い方

鳴ったときにすぐとり出したい**携帯電話は、外側のポケットに**いれます。バックの中に携帯入れがついているバッグも多いですが、ファスナーで開ける手間を考えると、外側に入れるのがベストです。ただ、落とさない工夫も必要です（チェーンをつける等）

家のカギは朝と帰りの2回使うだけですし、落としたら大変ですので、ファスナーポケットに入れます。お財布、ハンカチ、口紅、名刺入れなども、使用頻度、緊急度、貴重度などで定位置を決めていきます。

バッグにポケットが少なかったり、使いにくいときは、バッグ・イン・バッグを使うのもよいでしょう。小さなポケットがたくさんついたおしゃれなインナーバッグも売っています。小さなバッグや巾着袋などお手製で作ってセットしておくと、バッグの中で行方不明になるのを防げます。

37 きっちり、サイズを測る

お部屋の片づけで忘れてはいけないのが、モノを入れる場所のサイズを測ることです。押入れを有効利用するための**プラスチックの引き出しケース。**

これは便利なものですが、きちんと測らずにたくさん買い揃えてしまうと、いざ収納場所に入れてみたら、出っぱっている梁のせいで入らなかったり、ほんのちょっとサイズが大きいだけで、収納の戸が閉められなくなったりしてしまいます。

また、クローゼットの折戸は、たたんだときの扉の幅があり、間口からその分を引いて考えないと（有効開口）、引きだせなくなります。間口も奥と手前のサイズが微妙に違う事もあるので、サイズにはある程度の余裕をもって測らないといけません。収納用品などを購入する時は、必ずメジャーで、サイズを確認してから購入しましょう。

片づいたお部屋をキープできるか否かは、最初の収納ルールづくりにかかっています。

モノの住所をもどしやすい場所に指定しないと、すぐに散らかったお部屋に逆戻りしてしまいます。

たった1ミリの違いで入らないこともありますので気をつけて採寸してください。

・蝶番（ちょうつがい）のでっぱり
・引き戸の交差分
・折り戸は扉を開けてレールの部分で測る（両脇のスペース・扉の厚みがあるため）
・収納の手前と奥の幅（意外と違っていることがあります）

■折り戸

■蝶番（ちょうつがい）

38 押入れをフル活用しよう!

片づけでうかがったお宅でよく見かけるのが、押入れの引き戸の前に多くのモノが積まれている光景です。せっかく押入れがあるのに、奥行きが深すぎて仕切りがないので、どのように押入れを使ったらいいのか活用の方法が分からないのです。

モノを入れたあと、取り出しにくい。ふすまを閉めると、中に何があったか忘れてしまう。いらないモノが無秩序に押し込まれている状態の押入れをたくさん見てきました。

効果的に押入れを使うには、どうしたらいいのでしょうか。

奥行の深い押入れは**前後の4分割で収納を考えます。**

奥にはシーズンオフの家電や衣類などあまり使わない物を、手前には今よく使う物を使いやすく収納します。積み上げると取り出しにくくなってしまうので、1〜2アクションで取り出せるよう工夫します。

●**上段は棚を作る**…押入れの壁面はベニヤで弱いので、突っ張り式のポール収納や突っ張り式の棚ではすぐに落ちてしまいます。高さに合わせた下支え用の板を2枚両面テープなどで壁面に貼り付け、押入れの横幅に合わせて切った板を乗せるだけで**簡易棚**になります。トイレットペーパーなど、軽くてかさばる物などのストック置き場になります。

※上段にキャスター付きの衣装ケースを置くのは危険です。上段に置く場合はキャスターを外しましょう。

●**下段は引き出す収納**…押し入れ下段は「引き出す収納」にすると奥のモノが取り出しやすい。引き出し式の収納ケースや、キャスター付きの棚などを活用しましょう。

【上段収納の例】押し入れの横幅に合わせて切った板＋下支えの板で簡易棚を作成。

【下段収納の例】キャスターを付けて取り出し易くした棚を利用。

39 書類の片づけ方（ホームファイリング）

「ホームファイリング」とは、**家の中の紙モノの整理**のことです。

毎日増える紙モノには、いろいろな種類があります。

月々の電話代、光熱費や公共料金の請求書、クレジットカードの明細書や日用品の領収書。子どもの学校からのおたより。家電の取り扱い説明書、保証書、それから年金、保険、税金関係の書類、預金通帳、家の権利証、車検証などの重要書類。ダイレクトメールや雑誌、手紙も紙モノです。

いずれ必要になるかもしれないのでなかなか捨てられないけれど、いざ必要になるとなかなか見つからない！　そんな経験はありませんか？

書類の本来の目的は情報の伝達です。**その情報は半年で30%、1年たつと1%のみが**

必要であとは要らないモノなのです。

不要になった紙を貴重なスペースに置かない為にも、書類探しで時間を費やさない為に、ホームファイリングの技術を学んでいきましょう。

「欲しい書類が30秒で出せる！」を合言葉に、たまった書類の整理やイライラする書類探しとは、もうサヨナラしましょう！

1・分ける

書類を全部だして、種類ごとに分けます。書類が多量にある場合は、今月分から始めましょう。税金・領収書・学校・説明書・保証書など。

2・減らす

期限切れのものや、単なる「お知らせ」でとっておく必要のないものは処分。

3・収める

書類を種類ごとに分けてフォルダーに入れ、捜しやすいようにまとめて、**ラベルを貼**

り、**書類に明確な住所を**与えます。使ったら住所をたどって元に戻すだけです。

個人情報が記載されている書類はシュレッダーをかけますが、大量になると手間と時間がかかります。

そこで、**溶解処理**をお勧めします。書類が入った段ボールをそのまま薬材で溶かしてしまうので、情報の漏洩がなく安心です。溶かされたパルプは、お菓子のパッケージなどにリサイクルされます。（P100参照）

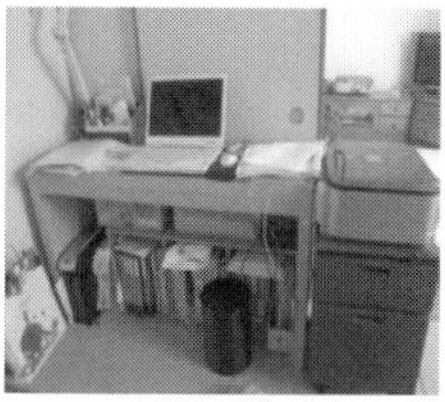

■うちにはどんな種類の書類があるかしら？
探しやすい並べ方は？カードで実践体験
(サマンサお片づけ教室)。

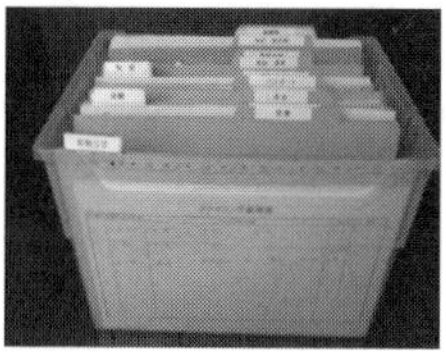

■オリジナルファイリングの完成！
オススメなのは、ボックスに入れた見出しのついた紙フォルダに、ポイポイ放り込んでいく収納です。出し入れしやすいので、不要になった書類も随時チェックできます。

40 防災品の収納（上手にストックするためのコツ）

2011年3月11日に起こった東日本大震災は、まだ皆さんの記憶に新しいかと思います。あの震災以降、ミネラルウォーターを買ってストックしておく方が多くなりました。

ところが、**ボトリングしてある水の賞味期限は2年**ほどです。防災用に購入している方も、賞味期限を過ぎてしまうと、飲料として適しているとはいえなくなるということを考えなくてはいけません。

引越のお手伝いの仕事でうかがったお宅で、

「賞味期限が切れていますけど、どうしますか？」とお聞きすると、

「いざという時にトイレを流すのに使うから、持って行くわ。お金を払って買った未開封の水を、捨てるのはもったいないから」という答えが帰ってきます。

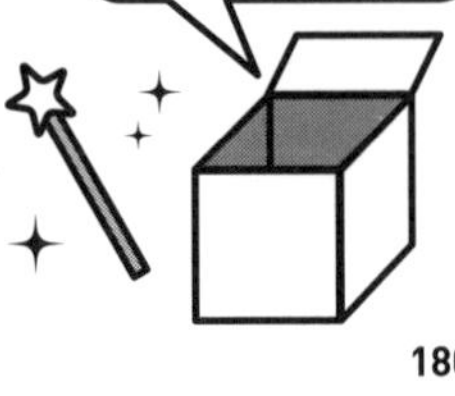

確かにトイレの水には使えるでしょうが、この先、災害が起きない限りはそのまま保管することになります。つまり、トイレ用に使う防災用の水も、制限しないとどんどん増えていくばかりなのです。

ミネラルウォーターの賞味期限切れを防ぐには、防災用だからと保存しておくのではなく、**飲料水としてのミネラルウォーターを生活の消費サイクルの中に組み込んでしまえばいい**のです。保存しておくのは一定の量にしておいて、そこから使いながら、減った分のストックを買い足す。こうしておけば、いつでも新しいものが必要な分だけそこにある状態を保つことができます。

「いさというときのために」と、ついつい買い溜めてしまのは、ミネラルウォーターに限りません。トイレットペーパーなどの消耗品や、食料品についても、同じようなことがいえます。

「特売で安かったから」とか、「もし足りなくなったら困るから」という理由で必要以上に買い足してしまっていませんか？

家族がバラバラに買ってはしまいこんで、どこに何があるかわからなくなり、また買ってしまうというラビリンスのようなお宅もあります。

いつも在庫を把握し、必要以上買うのはストップ。ふだんからモノの置き場と数を決めておき、ローテーションで使いましょう。

自分の家では、何週間でお米がなくなるか。シャンプー・リンスのボトルは何週間で切れるか。トイレットペーパーの1パックがなくなるのにかかる期間はどのくらいか。水は何日分必要なのか。

それらの消費のサイクルを把握して必要な量を割り出し、ストック品の置き場所を決めて、ひと目で何がないのかわかるように収納しておきます。

「これがなくなったら買おう」という安心で簡単な我が家のルールを決めておくだけで、無駄買いや二重買いする事もなく、いつでもストック品が把握できるようになります。

一般的に、災害時を想定して、**水と非常食は14日分を用意しておくといい**といわれています。家族の人数を考え、必要な持ち物を管理しながら生活することは、そのまま生きた防災対策につながっていきます。

コラム2　楽々大掃除のコツ！

最近は、「年末の大掃除はもうしない！」という話もよく聞きますが、もっと楽に簡単にできたら、達成感と気持ちよさで**「大掃除も悪くない」**と見直されるのではないでしょうか。

そのためにはまず、スケジュール管理が大切です。1日や2日でやろうとすると、途中で挫折してしまいがちです。私がおススメしているのは、1階の和室、キッチン、バスルーム、などやる箇所を付箋に書き出して、**11月の終わりから年末にかけて、一週間ごとに予定を決めてカレンダーに貼り付けていく方法**です。

この一週間の間に、天気がよくて自分のヤル気があるときにとりかかって、できたら1枚ずつ付箋をはがしていく。緩やかなスケジュール管理なので、管理が苦手な方でも、案外簡単に成功する事が出来るようになります。付箋がなくなっていく様子で進行状況を目で確認できますし、**カレンダーから付箋が全部なくなった時には「やった！終わった！」という達成感**を視覚的にも感じることができます。

全部付箋が取れたら、自分へのご褒美もカレンダーの下に小さく書いておきましょう！

お掃除を業者に頼むことを考えたら、自分でがんばったのですから好きなことに使ったっていいじゃないですか。ちょっと豪華なランチ、エステ、欲しかった新しい靴…そんな目標があると、すごくヤル気が出てきませんか？

それに「大掃除は大変」という意識がありますが、何年も汚れをためてしまうと落とすのが大変ですが、一年に一回すべてをやっておけば、次の年にはずっと楽になるのです。毎年続けていくと大掃除の負担が年々減っていって、３年目くらいにはいつものお掃除と変わらないレベルの労力で大掃除もＯＫになります。

■大掃除カレンダー
１日３時間で終われるよう、最終ゴミ回収を期限に付箋で掃除箇所を貼り付け、終了したら取るようにします。全部無くなった時の爽快感はいいものです。

コラム3　大掃除、たくさんの洗剤はもういらない！

いざ大掃除。手間をかけずに汚れを落としていくためには、どんな掃除グッズや洗剤が必要なのでしょうか。

ドラッグストアに行くとあまりにたくさんの洗剤があり、何を選んだらいいのかと迷ってしまう事はありませんか？

アルカリ性、酸性、中性。トイレ用、風呂用、窓用…

でも、汚れの特性さえわかっていれば、ほんの数種類の洗剤でどんな汚れにも対応できるのです。

1・汚れ別洗剤選び　皆さんは洗剤の成分を見て買っていますか？

・埃、手垢、やに　↓ひどい汚れでなければ界面活性剤の入った台所洗剤
・ガンコな油汚れ　↓アルカリ洗剤
・窓ガラス　↓ひどい汚れでなければ界面活性剤の入った台所洗剤
・お風呂（石鹸カス）　↓酸性洗剤、お風呂用洗剤
・トイレ（し尿）　↓酸性洗剤、トイレ用洗剤

・パイプ詰まり　↓過酸化ナトリウム、パイプ用

2・これだけあれば十分！アドバイザーセレクト洗剤
これだけで、ほとんどの汚れが落ちます！

・アルカリ系　マジックリン
　換気扇クリーナー
　冷蔵庫クリーナー
・中性　台所洗剤
・研磨用　クレンザー
・カビとり　塩素系漂白剤

我が家は各成分別に1つだけ持っています。
必要最低限の洗剤で十分汚れはおとせます。

6章

サマンサのスッキリ引越術

引越は人生の一大イベントです。特に50代からの引越には、子どもの自立、2人だけの夫婦生活の再開、離婚やシニア独身生活の準備、転職、職場からの引退、在宅起業、実家の相続、介護、帰郷…。さまざまな背景が絡んでいることが多いようです。

そんなミドル・シニア世代の大切な引越を成功させるための賢いコツを教えます。

41 見積もりの取り方

引越が決まったら、引越会社に電話をして、見積りを依頼しましょう。

見積りは**「引越日から、遅くても1カ月前」**が目安です。

新居や旧居での様々な手続き、ゴミ処理、家具・家電の購入など、やるべきことも多く、また荷物の整理や梱包などには予想以上に時間を取られるものです。事前に段ボールをもらっていても、結局引越前日に徹夜で梱包して、当日に体調を悪くしたと言う方も少なくありません。

引越は人生の大きな転機です。引越前に余裕を持って計画をたてることが、引越を成功させるポイントとなります。

引越業界は、**3月4月、そして5月の連休がもっとも忙しい繁忙期**にあたります。また、**年末や夏休みなども比較的込み合う時期**となります。繁忙期には料金が割高になる上に人材不足になる場合もあるので、できればこの時期を避けることをお勧めします。

引越の基本的な料金内訳は、**運賃と人件費、資材費、養生費**（建物や家財に傷がつかないようにすること）で成り立っています。家具や家財が多ければ大きな車両が必要になり、作業員の人数も資材もたくさん必要になります。廃棄処分、家電の工事、ピアノや金庫の移設、保管など、様々なオプションによっても、引越金額が変わります。

ここ数年、特にシニア世代の方からのご依頼が増えています。**お子様が独立され、ご夫婦だけの世帯になった**ので、セキュリティや住みやすさを理由にマンションに引越をされたり、**介護付き老人施設に入所**したりなどの理由です。また、**使っていない部屋を減らす減築**のために、一時仮住いされる方もいらっしゃいます。

特に老人施設に移られる場合は、施設によっても違いますが、**持っていける荷物は段ボール箱で1箱か2箱。大半のモノを処分する必要があります。**

シニア世代が引越する場合のアドバイスとしては、お身体の負担がないよう、余裕を持って引越準備することです。まずは、**自分自身でやること、業者にやってもらうことを明確に書面に**しておきます。

役所の手続きなど、どうしてもご自身がしなくてはいけないことに優先的に時間を使い、梱包や荷運びなどは業者にアウトソーシングすることも考えてみましょう。

全部自分でやるのは、大変負担になりますので、無理をして体調を崩さないように注意しなくてはなりません。

相見積もりの場合

数社に見積を依頼した場合は、各社の見積もり内容の比較をします。

ポイント1・見積書の金額だけではなく、**何が料金に含まれていて、何が含まれていないのかをチェック**します。

たとえば…**洗濯機の取付け・照明器具の取付け**（ワンタッチ式照明は自分で取り付け可能ですが、直付け照明（天井に直接くっついている照明）の場合は電気工事が必要）・TVの取付けなどが料金に含まれているかいないか？

ポイント2・料金はいつ払うのか、支払い後の追加料金はないかチェックします。

※見積書に記載されていないサービスを依頼した場合は、**追加料金**が必要になります（当

日出た処分品など）

ポイント3・引越約款のチェック

見積書の裏面に引越約款が書いてあります。引越約款とは引越時の基本的なルールの事で、その契約内容を詳細に説明したもののことです。保険等の約款と同じように、細かい文章で書いてあるので、読まない方が多いのですが、トラブルになった場合は大変重要になってきますので必ず目を通しておいてください。特にチェックすべきなのは次の項目です。

●引っ越し業者が**引受けを拒否できる荷物**

1・貴重品（**現金、有価証券、宝石貴金属、預金通帳、キャッシュカード**など）

2・他の荷物に損害を及ぼす恐れのあるもの（**火薬類・危険品や不潔な物**など）

3・特殊な管理が必要なもの（**動植物、ピアノ、美術品、骨董品**など）

※ピアノや美術品などは当日になって運送拒否をされてあわてないよう、事前に扱いについて確認しておきましょう。また、生き物も運べませんので、**ペットの引越**についても考えておきましょう。

●キャンセル料

1・お客様側の都合によるキャンセルの場合がいくらになっているかチェックしておきましょう。
前日キャンセル…見積に記載された運賃の10％以内のキャンセル料
当日キャンセル…見積に記載された運賃の20％以内のキャンセル料
※会社によってキャンセル料率は変わります。当日引越スタッフが現場に到着してからのキャンセルの場合は見積の100％のキャンセル料を支払う場合もあります。

●破損やクレームなど
1・荷物を引き渡した日から**3ヶ月以内に通知**すること
※引越が終わったら、早めに荷物に破損がないか確認しておきましょう。また、新築の場合、引越前に部屋内のキズがないかのチェックも必要になります。
搬入作業が引越だけでなく、家具、家電などの搬入もあり、いつキズがついたのかわからない場合もあります。搬入の際には立会いをし、問題なく搬入するのを確認することが重要です。

引越は手作業の積み重ね

引越しと言うのは、実は十数年前からほとんどやり方は変わっておらず、今でも手作業で行われることがたくさんあります。

段ボールに荷物を詰めるのも、その段ボールを運ぶのも手作業です。

玄関から入らないモノ、エレベーターに載らないモノ、クランクのある部屋や階段など通れない出せないモノ、例えば外国製の大きなソファやピアノなどの難しい家財の引越は作業スタッフや専門業者総動員でその厳しい作業に立ち向かいます。

窓やベランダからロープで吊り上げ、下げ、クレーン車を使って窓から搬出入したり、部屋の中に入らなければドアを外したり、あらゆる技術と経験、頭脳を使って引越しを完成させていきます。

『出せない家具は、入れた時どうやって入れたんだろう』

と疑問に思うかもしれませんが、各パーツの状態で購入し、室内で組み立てるタイプの大型家具が最近では増えてきています。

これらの組立家具の場合は、やはり室内で解体しなければ運び出せません。

このように、引越しは各家庭それぞれ全部が違う、オーダーメイドのサービスと言えるのです。

お客様は毎回違う方ですし、世帯構成も、お部屋の間取りも、持っている家財も、一つとして同じものはありません。当社にもマニュアルはありますが、それだけでは対応できません。引越は、**マニュアル＋現場力。**自分たちで状況に合わせてフレキシブルに状況判断する現場力がなければ、いい引越にはなりません。

また、引越は思いもよらないアクシデントが発生することもあります。車の渋滞、家のドアから家具が入らない、階段から荷物があがらない…そんな現場で起る様々なアクシデントを乗り越えて、引越作業は進められていきます。

そんな引越スタッフの精いっぱいの頑張りがお客様の引越を支えているのです。

最近はお客様も数社に相見積もりをとられるので、「少しでも安くしないと競争に勝てない」「契約がとれない」という引越業界の現状があります。**しかし、安さだけを優先した引越で、果たして満足できるのでしょうか？**

引越は人生の特別なイベントです。たくさんお引越の経験をされている方もいるでしょうが、たいていは一生のうちで数回です。

ご自身の中で何を重視するのかを明確にして、その希望が叶うよう、誠実に対応してくれる引越会社を選んで頂きたいと思います。

42 引越タイムスケジュール

①カレンダーでゴミの日チェック！

引越を成功させるコツは、1にも2にも、**段取り**です。

引越が決まったら、まず、**カレンダーの引越日★印をつけてゴールを設定**します。

次に、**引越までのゴミの日の印**（燃える・燃えない・プラスチック・資源ゴミ）を記入していきます。そして**ゴミの日に合わせて新居に持っていくもの、持っていかないものの仕分けを始めます。**ゴミの日の前にモノの整理をすると、部屋に置くゴミの待機時間も短くなります。

また、粗大ゴミに出したいものは、**ゴミ出しの日時を指定**されますので、引越前までにゴミが出せるよう**早めに自治体に申請**をしておきます。

最終的にゴミが捨てられないと新居にゴミを運ぶことになってしまいますので、引越日までに、家庭ゴミで捨てられる物をこまめに、そして徹底的に捨てましょう。引越ゴミとして、まとめて大量に出すと自治体によっては有料になる場合もあります。

②荷造りはどこから?

いざ荷造りしようと思ったとき、いきなり目に付いたところから手当たり次第に箱詰めを始めてしまいがちですが、引越当日までその家で生活するわけですから、ある程度は生活スペースも確保しておかなくてはなりません。

4人家族の場合、すべての家財道具を梱包すると、平均で段ボール箱100個分ほどになります。この段ボール箱100箱という量は、**6畳から8畳の部屋が埋まるほどの量**です。梱包した段ボールをどこに置くか、何をどの順序で梱包していくかという計画や管理も必要になります。

■お手持ち品梱包確認リスト

●貴重品類は事前にお手持ち品としてお分け下さい
●お引越当日や新生活に不便がないよう、当日・翌日使う物を事前におまとめ下さい

お手持ちお願いします ※段ボールに入れられません		当日・翌日使うもの ※当日梱包して上部を青テープで留めて下さい			
✔	貴重品類	✔	生活用品		
	現金		肌着（最低2日）		オムツ
	通帳		当日の服		ミルク
	有価証券		洗面道具		ウエットティッシュ
	宝石類		靴		老眼鏡
	キャッシュカード		傘		コンタクトレンズ
	重要書類		寝間着		調理用品
	商品券		化粧品		
	鍵		食糧		
	印鑑		コップ・食器		
	保険証		箸		
	骨董品		お茶		
			常備薬		
			タオル		
			ビニール袋		

最初に梱包するのは、なるべく使用頻度の低い部屋の天袋や押入れなどから、**約1カ月前からはじめる**のがよいでしょう。ふだん使っているものは2週間くらい前から順次梱包にとりかかります。直前まで使っている一番使用頻度の高いモノは、引越当日に梱包します。

これは新居についたら最初に開けなくてはいけない箱です。**段ボールに目立つ色のテープを目印に貼っておき**、引越スタッフにも分かるよう他の段ボールと別に置いておくよう頼んでおきます。

また、貴重品や壊れたら困る大事なものは段ボールに入れず、必ずご自分で運ばれることをお勧めします。一度段ボールに入れてしまうと、100箱の段ボールのなかから、お目当てのものを探すのは至難の業です。段ボールに入れてはいけないモノは事前にピックアップして、**スーツケースに入れるなど、当日探さずに済むようにひとつの場所にしまってください。**

部屋に残しておく備品（エアコンや電気のリモコンや設備の説明書など）はキッチンの引き出しなど一箇所にまとめて**「部屋に残すもの」と張り紙**をしておきましょう。

■引越しカレンダーでゴミの日と梱包チェック

③引越チェックシートでやるべきことをチェック！

電気・ガス・水道などの停止と新居での開始手続き、**電話やインターネット・プロバイダーなどの移転**の手配、**役所や保険会社への住所変更手続**、ご近所への挨拶で配る手土産の用意など、引越の日にむけて準備すべきことはたくさんあります。梱包にばかり気を取られていると忘れてしまいがちなので、随時チェックしていきましょう。

めんどうなようですが、引越までのスケジュールをたてることが成功への近道です。チェック表をスケジュールに落としていくと、空き時間が見えてきます。梱包は意外に時間がかかりますので、ゆとりを持って時間の確保をしてください。

■引越チェックシート

日時	□	項　目
	□	引越先の見取り図を元に家具のレイアウト・持って行く量を決める
1ヶ月前	□	梱包資材を手に入れる
	□	めったに使わない物（天袋・物置など）から梱包開始
～		仕分けと廃棄には時間がかかります　毎日少しづつ始めましょう
		段ボールの上と横に新居に行く部屋と内容物を記入しましょう
	□	粗大ごみの手配
2週間	□	転校・電話会社・プロバイダーに移転手配
	□	冷蔵庫の食品購入を控え始める
	□	現住所の役所にて（移動・転出・年金手帳・保険証・バイクなど）変更届
	□	ライフラインの変更手続き（郵便・ガス・水道・電気・NHK）
	□	銀行・保険会社など変更手続き
2日前	□	引越挨拶の手土産（新・旧）の準備
までに	□	梱包が進んでいない場合は梱包スタッフの手配（おまかせパックを使っていないお客様）
	□	持って行かない物の廃棄（地域のゴミ収集に合わせて）
当日	□	当日使っていた物の梱包（すぐ開けると記入）
（旧居）	□	近隣へのご挨拶
	□	お掃除・ゴミ処理
	□	引越代金の準備
	□	積み残し荷物のチェック
	□	旧居戸締り・新居の鍵の確認
（新居）	□	家具の配置の指示
	□	荷作りの逆の順に荷解き開始

④引越当日までに梱包を終わらせておく！

最初に搬出されるのは、段ボールです。梱包が終わっていないと、当然ながら積込が遅くなってしまいます。

当日になって、**もう引越スタッフが入っているのに、まだ梱包作業が終わっていない**……こんなお宅も実は多いのですが、この最初のつまずきが、引越の失敗につながってしまいます。

次々荷物が運び出されていくなかで、あわてて段ボール詰めの作業をすると、何をどこに入れたかも把握できません。荷物を送り出した時点でお客様はクタクタです。

一方、**荷物を受け入れる新居の方でも、的確に指示を出せる人が来ていないと現場が混乱します。**

新居に最初に運ばれるものは収納家具です。そのレイアウトが決まったら、次にベッドやソファ、テーブルが運び込まれ、段ボールは最後に家の中に運び込まれます。

つまり、**積み込む時は、段ボールが最初で、トラックの一番奥に積み込まれます。次に家具類で、重ねられない植木や自転車などは最後に積み込まれます。**

レイアウトが決まっていないと、搬入の時間も遅れ、ついには夜まで引越作業が終わらないという状況となってしまいます。

さらに、お客様はこのあとが大変です。新居は段ボールの山、何がどこにあるかもわからない状態。家具の配置を「やっぱり変えたい」と思っても、**荷物が運び込まれた後で動かすのはスペース的にも難しくなります。**荷解きをして新生活を始められるのは、いったいいつになるのか…。こんな悲惨な引越にならないよう、やはり引越スケジュールに沿って段取りよく着実に進めていくことが重要です。

当日、すべて梱包が終わった状態で引越スタッフを迎えることができれば、全てがスムーズに回っていきます。

43 入居前に家具の配置チェック

新居を測る

新居に荷物が収まるかどうか、事前にしっかり測ってチェックしましょう。
ポイントは、

1. コンセントの位置
2. 換気口の位置
3. ドアの開閉具合
4. 梁や柱の位置と形状
5. 階段の幅と高さ

レイアウトの決め方で一番簡単な方法は、**家具のサイズに切った新聞を持っていき、**

事前に置いてみることです。メジャーで図るよりも、どのくらいの面積を占めるのか具体的にイメージがしやすくなりますし、実際の置き場所を確認することができます。

梁の出っ張りや床の段差、床面のスペースのほかに、椅子を置く場合は引く分のスペースも忘れずにチェックしましょう。タンスやチェストも、その前に人間が立ってモノを出し入れするスペースが必要です。

押し入れやクローゼットに衣装ケースや収納家具を入れる場合は、収納用品と同じサイズに切った新聞を置いて余裕を持って、**扉がきちんと閉められるかチェック**をしましょう。押入のふすまを外さないと入らなかったり、クローゼットの奥行きが足りなくて、扉が閉まらなくならないように、きちんと確認しましょう。

クローゼットの前にベッドが置いてあると、引き出すスペースが取れない事もあります。ベッド下についている引出収納の開閉もチェックしましょう。

また、押入に衣装ケースを横に2つ並べたい時は、**ふすまの片方を開けた状態で、2つ入るかをチェック**します。引出部分がスムーズに開けられるよう余裕を持ってはかります。

キッチンの食器棚や冷蔵庫の配置は、効率的に家事をこなすための重要なポイントです。コンセントの位置にもよりますが、調理から配膳までの動線ができるだけ短くなるよう考えてそれぞれの配置を決めてみてください。（P151参照）

冷蔵庫はリビングから見える位置に置くと、来客の際に冷蔵庫を開けると中まで見えてしまうことがあります。**冷蔵庫の中がリビングから見えない位置に配置**したいですが、お子さんが小さいうちは、冷蔵庫を開ける機会も多く、手前にあるとすぐに飲み物が飲めるという利点もあります。それぞれのライフスタイルにあった冷蔵庫の配置を考えてみましょう

キッチンやリビングが2階にあるお宅では冷蔵庫やソファーを2階に運ぶ場合、階段の幅や天井までの高さ、形状によっては階段を使えないこともあります。そのときは、**窓からつりあげる作業**になり、引越スタッフの人数も作業時間も通常より多くかかります。不安な場合は、事前に引越会社にご相談されることをおすすめします。

■新聞紙を活用したレイアウト法

44 収納家具は、引越前に買わないで！

お部屋の片づけのお手伝いをしていると、お客様のお宅からはプラスチックのカゴやファイルケースなど、収納用品などがたくさん出てきます。**実は片づけが苦手な方ほど、多くの収納用品を持っている**のです。「これがあったらきっと片づくはず…」という期待感があって買うのだと思いますが、残念ながら、使い方が決まっていなかったり、サイズが合わなかったりでうまく使いこなせず、結果的に余計に荷物を増やすことになっています。

同様に、片づけの苦手な方は、収納家具も場当たり的に買っていきます。

サイズを計らずに買うので、運び入れてみたら置きたかった場所に入らず、他の収納の出入り口や通路を塞ぐ場所に置いてしまったり、横向きにしか置けず中のモノが取り

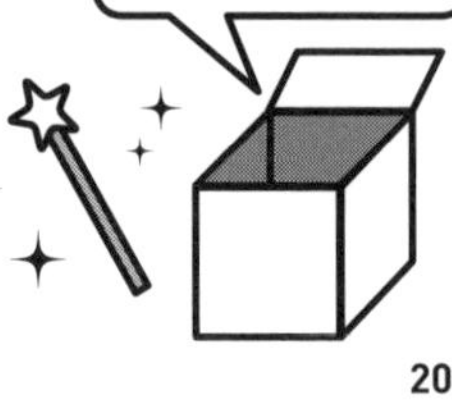

出せなかったりで、結局、**ますます収納が使いづらくなるという悪循環**になりがちなのです。

ですから、私たちは引越のお手伝いをするお客様には、**収納用品や収納家具は、引越前には買わないようにお願いしています。**特に食器棚などの大物を買ってしまって入らなかった場合、すべての動線が崩れて最初から暮らしにくい部屋になってしまいます。

事前に、持っていく家具の配置などを決めてからその中に入れる荷物の量を考えましょう。これではみ出してしまうようなら、**まずは荷物を減らす**ことを考えるべきです。

まずは少なめの荷物で生活していくなかで、この空間にどんな家具を買い足して、どこに置き何を収納するのか。その生活イメージができてから、必要な家具のサイズをきちんと測って、**動線や部屋の置き場所にぴったり合う収納家具を計画的に購入**するようにしましょう。

また、100円ショップの整理カゴは手軽ですが、後から同じ色やサイズを買い足せないことがあります。やはり同じ大きさ・同じ色の収納で揃えた方が美しいばかりでなく、積み重ねが出来るなど利点もありますので、あとから買い足したいなら、メーカーの定番商品をおすすめします。

また、形も丸いカーブのあるカゴよりも、なるべく四角いカゴを選んだ方が、たくさん入りきっちり並べることができます。

■同じサイズで揃っている方がスッキリ見えます。100円ショップだと買い足しが難しいことも。

45 荷造りのコツ

段ボールには新居の部屋「行き先」を記入する

梱包をはじめる前に、**新しいお部屋の間取り図を用意**してください。

各部屋にリビングやダイニング・キッチン。洋室が1つ以上ある場合は、洋室1、2・和室・寝室・書斎など。それらの部屋を分かりやすく表示します。

そして、**どの部屋**に**どの家具**や荷物が入るのかも先に決めておきます。

家具にもわかりやすい名前をつけます。(白木チェスト・かざり棚…)

同じような本棚がいくつもある場合は、「本棚A」「本棚B」と名前をつけ本棚に表示しておいてください。

このように、あらかじめ家具のレイアウトを決めておくと、**梱包する段階で段ボール箱に「洋室3（新居のどの部屋へ持っていくのか）・チェストC（どの家具に入れるも**

のか）・子ども服（何が入っているか）」と、行き先とどの収納に入れるどんなものかを書き込んでいくことができます。そうすると、引越スタッフに指示しなくても、新居の指定の部屋に段ボールを運んでもらうことができます。

今住んでいる部屋ではなく、**運んで欲しい「新居の部屋」**を記入しましょう。

例えば、リビングの本棚に「家族それぞれの本が入っているが、新居では子ども部屋ができるので子どもの本は子供部屋へ。それ以外は書斎へ入れたい」というような場合は、子ども部屋に持っていく本を入れて、**ダンボールに「子ども部屋・本棚A絵本」、それ以外の大人の本は「書斎・本棚B・本」と書きます。**こうしておくと、該当する本棚の前に段ボールが置かれますので、引越終了後に、すぐに荷解きして本棚に収めることができます。

引越当日、作業スタッフはどんどん荷物を運び入れていきますので、あらかじめ入れる場所がわかるよう、各部屋の入口ドアに「洋室1・寝室」「洋室2・書斎」と箱書きと同じ名前を書いて貼っておきましょう。ここまでしておくと、作業スタッフは箱を見ただけで、何がどこにいくかわかるので、大変スムーズに作業が進んでいきます。

引越を経験されている方はご存知かと思いますが、**引越当日、家の中の主導権を持つ奥様は引越の総監督**として、荷物の交通整理をしなくてはなりません。

「これはどこにいれますか？」

「この家具を置く向きは、どうしますか？」などとあちらでもこちらでも奥様の指示をもとめられます。

これが、ものすごく疲れるので、ついつい「とりあえず、ここに置いてくれればいいから」と適当になってしまいがちですが、**家具の移動は、この時にしないと、あとで大変苦労します。**

先にレイアウトを決めて梱包の段階で細かく置き場所を記入しておけば、当日の指示は作業を見回り、チェックするだけ。驚くほど楽に、スムーズに引越作業が進んでいきます。

●段ボールの組み立て方と大きさ

段ボールを組み立て、底は十字にクラフトテープでとめます。

大きなモノ、かさばるモノ（おもちゃ、ぬいぐるみ、衣類…）↓大きい段ボール

重いモノ、ワレモノ（本、食器、ビン…）↓小さい段ボール

●梱包用テープの色分けと表示

開梱しやすいよう、優先順位を梱包用テープで色分けしておきましょう！(梱包用テープはホームセンターなどでカラフルなものを買うことができます)

・優先順位1　**引越当日・翌日すぐ使うもの**…赤のテープ。「これだけ開ければ、1、2日は生活していける」という最低限必要なモノを入れる。「すぐ使う」と赤マジックで

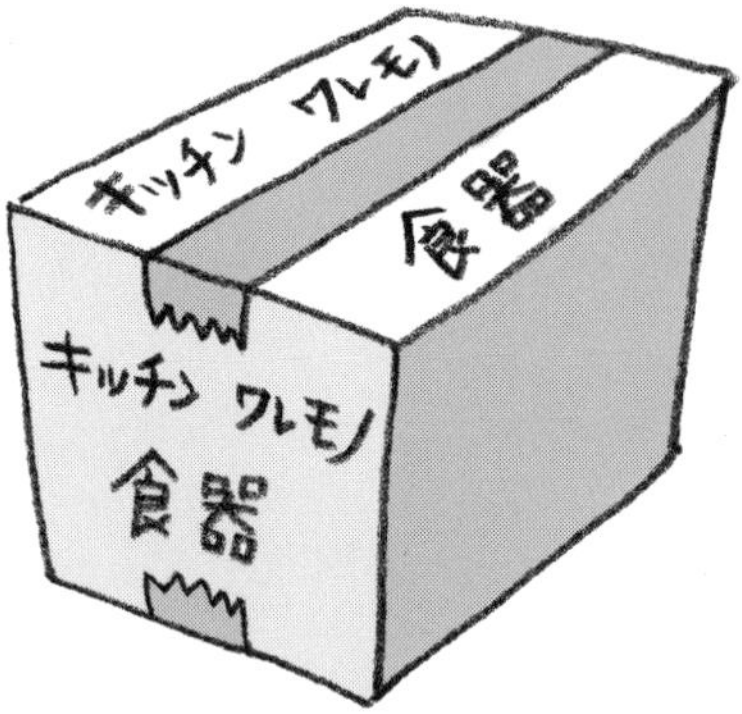

■段ボールの箱書き例

表示する。
・優先順位2　**よく使うもの**（日常よく使っている物）…青のテープ。
・優先順位3　**たまに使うもの**…クラフトテープ（茶色のふつうのもの）。
・優先順位4　**使っていないけど、とっておきたいもの**…クラフトテープ（ふつうのもの）。

梱包内容を書いて、**「未開梱」**と赤マジックで表示して、最後に開けるか、開けずにそのまま保管しておく（**保管日を記入し、見直しの日も書いておく**）。
※梱包の順番は優先順位4～1に梱包していきます。

●テープの特徴
・クラフトテープ（通称ガムテープと呼ばれる）、紙製で表面にラミネート加工、一般的には重貼りできない。油性インクで文字はかけない。引越で通常使用するもの。
・布テープ…粘着力が強い、重貼りできる。油性インクで文字が書ける。クラフトテープより高額。
・カラーテープ…布製・ポリエチレン素材のテープでカラーバリエーションが豊富。
・印刷テープ…ワレモノ、廃棄など文字が印刷されているテープ。

●ワレモノの梱包

グラスやコーヒーカップなどのワレモノは、カップの取っ手の部分、飲み口の部分の割れやすい部分に緩衝材を重ねて包みます。

まず、食器紙を広げカップを中央に置きます。紙の角の部分をもち上げて、カップの取っ手の部分を覆い残りの紙はカップの中に入れます。次にもう一度紙を重ねて取っ手を覆います。残りの紙は全部カップの中に入れ込んでしまいます。

グラスは紙の角端からくるくると巻いていき、途中で底を織り込んで、最後に飲み口の部分に全部紙を入れ込みます。

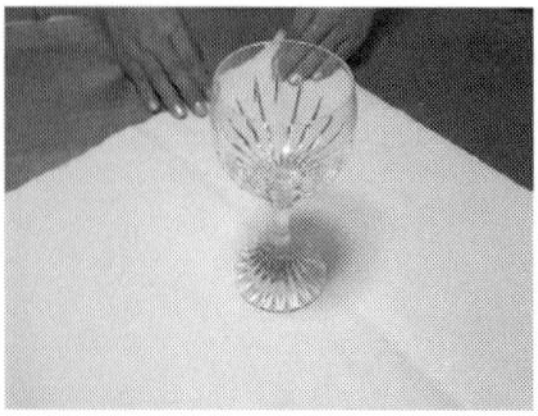

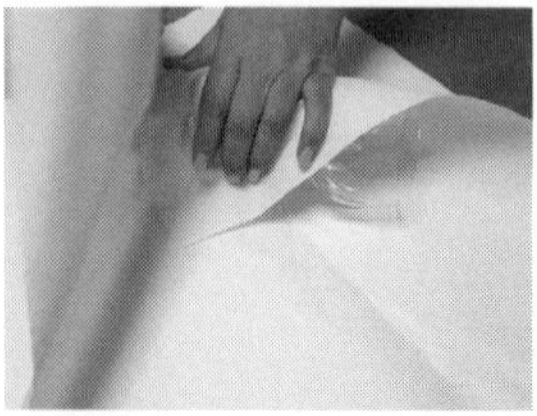

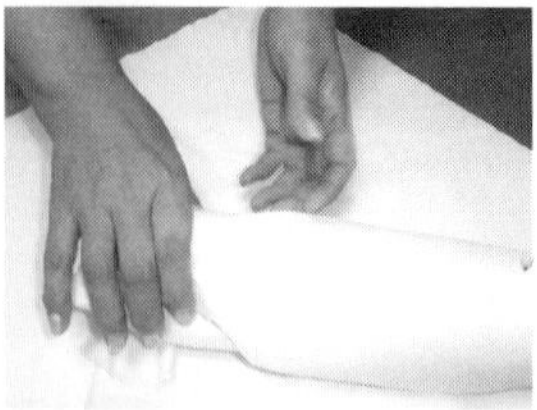

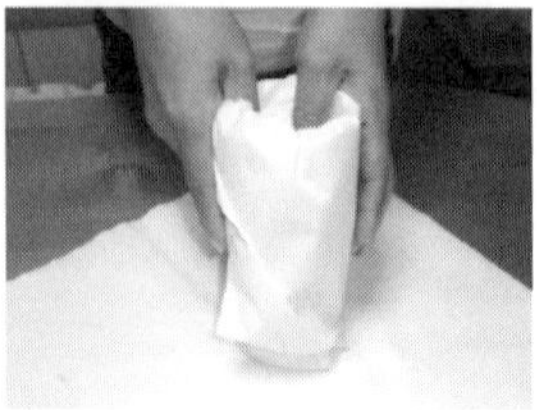

●梱包NG例

【中味が多すぎて段ボールのフタがしまっていない】…トラックに積み込む際に段ボールを重ねられなくなったり、振動で中身が飛び出してしまうこともあります。

【重すぎる段ボール】…特に本などは、小さい段ボールに入れましょう。大きい段ボールに重いモノをたくさん入れると、重量があるので、持ち上げると底が抜けてしまう可能性があります。

【濡れている】…段ボールは、濡れると強度がなくなり使いものになりません。風呂場・洗面台・洗濯機などの水回り用品は、しっかり水気を拭き取って、ビニールのゴミ袋に入れてから段ボールに入れてください。洗剤類は、フタがあきやすく漏れやすいので要注意です。ふたが閉まっているか確認し、シャンプー類は上から押せないように、ビニール袋ひも状にして容器のくびの部分をぐるぐる巻いて、テープで止めて、ビニール袋に立てた状態で段ボールに入れましょう。

空気清浄機やコーヒーメーカー、シェーバーなど容器に水が入っているものは、必ず水を捨ててください。水がこぼれて、他の荷物が濡れてしまうことがあります。

■シャンプーがプッシュ式の場合、上から押されると液体が出てくる可能性がありますので、首の部分にビニール袋などで巻いてしまえば、押せなくなります。

●ペット・植木

ペットなどの生き物は、引越トラックにのせる事はできません。（お客様も引越トラックに一緒に乗車することはできません）

ワンちゃんや猫ちゃんにとっては、引越作業で大勢の人が出入りするのは大変なストレスです。できれば事前にペットホテルなどに預けたり、車や電車で先に新居に連れて行ってあげてください。

また、植木も引越約款では運送することに適さないものとなっています。大きな観葉植物やたくさんの植木などは造園業者などにご相談ください。

●家電リサイクル

一般家庭や事務所から排出された**家電製品（エアコン、テレビ（ブラウン管、液晶・プラズマ）、冷蔵庫・冷凍庫、洗濯機・衣類乾燥機）**から、有用な部分や材料をリサイクルし、廃棄物を減量するとともに、資源の有効利用を推進するための法律があります。（経済産業省）

これらの製品は法律に基づいて回収しなければなりません。

46 荷解きテクニック

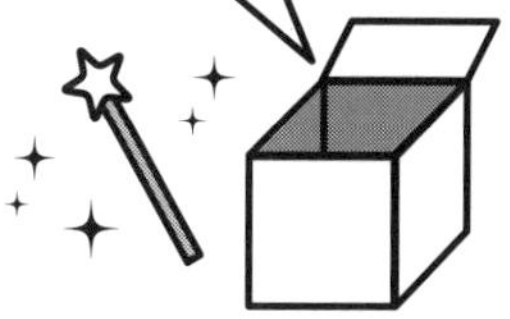

開梱の順番

1・引越当日すぐ使うもの…赤のテープ・優先度最高・当日開梱。

2・よく使うもの（日常よく使っている物）…青のテープ・優先度高・すぐ開梱。

3・たまに使うもの…クラフトテープ・優先度中・順次開梱。

4・使っていないけど、とっておきたいもの…クラフトテープ・優先度低・内容物を書いて保管。

引越が終わったら、今度は開梱です。**梱包した順番とは逆に、使用頻度の高いものから順に段ボールを開けていきます。**

どの段ボールによく使うモノが入っているかは、テープの色を見れば一目瞭然です。

最初に開梱するのは、赤テープが貼ってある、引越当日使うものです。引越当日は大変疲れていると思いますので、この赤テープの箱だけ開けて、早めに休みましょう。

次に、よく使っているモノが入っている、青いテープの段ボールを開けていきます。

クラフトテープで未開梱（開けない）とした段ボールは、「使ってはいないけれど、取っておきたい」もの。たとえば**未整理の写真や思い出のアルバムなどは、近くに置いて見たい写真だけピックアップして、額に入れて飾ったり、小さいフォトブックにまとめる**といいでしょう。それ以外は、必要な時が来るまでそのまま押し入れや納戸などに保管しておきます。ただ、**段ボールのまま納戸に入れてしまうと永久に開けないことになる可能性が高い**ことも覚えておいてください。

優先順位		テープの色	梱包順	開梱順
1	当日使う	赤（すぐ使う）	4	1
2	よく使う	青	3	2
3	たまに使う	クラフト	2	3
4	使っていない	クラフト（未開梱）	1	4

47 最初が肝心！ 片づく部屋の「ルール作り」

引越をしたその日が、一番モノが少ない日

あらかたの片づけが終わったらぜひ**キレイな状態の部屋を写真に撮っておくこと**をおすすめします。

意識していないと、だんだんモノは増えていきます。モノが増えると、片づけがしにくくなり、さらに散らかるという悪循環に陥ってしまいます。引越を機にモノを減らしたのに、数ヵ月でもとに戻ってしまうお宅もあります。

そうしたことを防ぐには、「片づいている状態」をデフォルトにして、忘れないようにすることです。モノが少ないきれいなお部屋を美しく写真に収めておけば「この状態を維持しよう！」と思えるのではないでしょうか。

引越は、精神的にも肉体的にも疲れるものです。すべての片づけを一気に終わらせるのはとても大変です。

「整理収納と引越開梱を同じ日にお願いします」という、お客様がいらっしゃいますが、荷物が少ない場合はできますが、通常は非常に難しいことです。

それは、整理収納と引越開梱では目的が違うからです。

引越の開梱は段ボールから物を出し、「家の外に段ボールを出す」ことが目的です。

一方、整理収納は「家の中にあるもの、収納されているもの」を「整理して使いやすいように収める」ことが目的です。

そこで、引っ越しと整理収納を同時にする場合、まずは荷物を開梱をしてから、荷物の分量と収納場所の形状、使用目的を確認し、「使う場所に使うものを収納する」片づけの基本に沿って整理収納をする手順となります。

段ボールを使って仮収納

たとえば、整理ダンスや収納棚をまだ購入していない場合は、段ボール箱を使って簡易棚を作りましょう。収納したいモノに合わせて大きさを決め、段ボールの蓋を内側か外側に折り込みテープでとめます。使用する枚数だけ同じように作ります。

洋服を取り出しやすいように収めたり、種類別の食品庫にして、購入までの代用品として使います。

本棚がない場合も、小さい段ボールを開けて縦に重ねるとカラーボックスのようになります。その中に本を立てて収納すれば、どんな本が入っているかすぐにわかります。段ボールで作った簡易棚ですが種類別に分類して、取り出しやすく収納できるので、見栄えはよくありませんが、購入までの仮収納には十分です。

ただ、段ボールは湿度に弱く、虫もつきやすいので本や衣類の長期収納には向いていません。

また、本棚として使用する場合は、強度が弱く重ねるとだんだんとつぶれてしまいます。あくまでも簡易収納としてお使いください。

「引越の段ボールはもう見たくない」

引越後のお宅に行くと、段ボールはもう見たくないと、うんざりしたお顔をしている方がたくさんいらっしゃいます。

しかし、フタが閉まった状態の段ボールが積まれていると、何が入っているのか分からず、**開けるのもめんどうになり、結局開けずに押入の中へ**という事にもなりかねません。まずは、入れた物は全部中身を確認し未開梱の段ボールを減らす事を考えましょう。

48 引越後のアフターケア

大型の家具など「運んでみたけど、やっぱり入らないから捨てる」「一旦入れたけどまた家具を移動したい」という様々なニーズに対応してもらえるサービスも出てきています。

また、引越先の容量が物理的に足りずに、荷物を入れたら生活できない、という場合は、段階的に優先順位でモノを入れていき、**残りは倉庫やトランクルームに一時保管する方法**がベストです。

本来は家に入りきらない荷物は仕分けして減らした方がいいのですが、時間がなくて仕分けができない場合、すぐに使用しない書籍、資料、衣類などを一旦別の空間に一時保管をして、ある程度片づいてスペースができてから、第二弾として新居にゆっくり収納する方法もあります。

玄関横をゴミの山にしない

引越の後に大変なのは、ゴミ出しです。

開梱後の段ボール箱や、運んではきたもののサイズが合わなかった収納棚、捨てることにした衣類。旧居で捨てられずに持ってきたゴミ……。

荷物の整理が終わった後に、新居には**引越したその日から大量のゴミがでます。**

スッキリと新生活を始められるよう、まずは新居のゴミの日をチェックしましょう。


サマンサネットでは、お引越後すぐに快適な生活を始めていただけるよう、家財回収サービスも行っています（有料）。
※引取家財は環境面等を考慮した上で再利用を目的に有効活用し、やむなく廃棄する場合は関係法令に従い引渡致します。

モノを持つ事を考える

モノを持つということは、同時にメンテナンスという義務もついてくることになります。

人間は1日働いて、1日の汚れを落とすためにお風呂に入り、疲れをとるために夜休み、朝顔を洗い、髪をとかして新たな1日を迎えます。自然に自分で自分をメンテナンスしているのです。メンテナンスしないと、不衛生になり病気になってしまうかもしれません。

同じように、モノにもメンテナンスが必要となります。洋服を買ったら、洗濯、アイロン、防虫、適切な収納というメンテナンスをしないと、汚れがシミになり、日に焼けたり、虫食いになり、結局着られなくなり、最終的には、捨てる対象になってきます。

家をゴミの山にしないためには、「購入する」ことをもっとよく考える必要があります。

メンテナンスできない程たくさんのモノを所有することは、モノにとってもかわいそうなことなのです。

コラム4　捨て方が難しいモノ・処分のしかた

人形の捨て方

お人形など、顔がついているものは、捨てづらいという人が多いようです。箱の中に人形をいれ、『ありがとう』という気持ちで**清め塩を振って**処分しましょう。それでも気になる方は、様々な寺院などで人形供養を受け付けていますので、問い合わせてみてください。※サマンサネットでも代行致します。

ペットの遺骨

各市町村にお問合せください。ペット霊園などに納める方法もあります。ご自宅にお庭がある場合は「土に戻されてはいかがですか?」というご提案をしています。

位牌、仏壇

位牌はお取り扱い致しませんが、仏壇は可燃物として引取処分は可能です。最近では、ご供養したいと言う要望も多く、仏壇も人形供養と同様にご供養を受け付けています。

書類・紙

リサイクルを希望される場合は、お引き取り後、再生業者に持ち込みます。

機密文書の場合は、箱単位で有料で引き取り、段ボールごと溶解する「溶解処分サービス」もあります。（P100参照）

調味料・油

排水管には直接流せないので、空の牛乳パックの中に新聞や古布をいれて吸わせ、可燃ゴミとして処分します。

スプレー缶・ヘアムース缶

袋の中などにいらない布を入れ中味を全部出します。空き缶は穴を開けて、燃えないゴミとして処分します。自治体によっては処分方法が異なります。ルールに従って適正に処分をしましょう。

化粧品・整髪料

空の牛乳パックの中に新聞や古布をいれて吸わせ、可燃ゴミとして処分します。

あとがき

大きな片づけのサイクルは6年に1度と言われています。そのなかでも、一番最後の最も大事な片づけの時期が、50代からの片づけだと思います。

40代までは考えもしなかった人生の終わりを心のどこかで自覚するようになると、今までの人生を振り返り、そして改めて残りの人生の生き方、暮らし方を考えるようになります。

確かに、人生の終わりを考えることは恐ろしく、考えたくないと目をつぶってしまいたくなりますが、終わりを意識することが、シニアの暮らしを見つめ直す最初のステップになると思います。

私も人生の終わりがおぼろげにに見えてきたこの歳になって、はじめてこのことに気がつきました。

多くのお宅に伺うなかで、遺品整理をさせていただくこともあります。

そのなかで、ご自分の終わりを受け止めて、持っている物を整理して、その荷物の行き先まで書き、遺されたご親族が困らないようにきちんとされている方の遺品整理に立ちあった時は、その方の深い愛情と気遣いに、言葉が出ないくらい胸が熱くなりました。

いつかその時が来た時、そこにいなくても、まわりのみんなが愛情を感じることができるよう、しっかりと人生の終わりを受け止め、あらためて、自分の暮らしを見つめ、安心安全な部屋にすることで、生き生きとしたシニアの穏やかな暮らしが待っているのだと思います。

最後に、出版に向けてご尽力頂いた伊藤淳子様、河西保夫様、河西麻衣様、田熊秀美様、本当に大変お世話になり、ありがとうございました。

また、執筆協力してくれた弊社の講師野口幸恵さんにも感謝します。

そして、この本を手に取って頂いた皆様、ありがとうございます。

皆様の暮らしに何か明るい変化が起きる事を、いつも願っております。

サマンサネット

杉之原冨士子

一般社団法人 日本ホームステージング協会設立について

ホームステージングという言葉は、日本ではあまり知られていませんが、欧米のホームステージングは、売却予定の住居に、家具や小物を含めたトータルコーディネートでインテリアを魅力的に演出することによって、資産価値を高めより円滑な物件の売買をお手伝いするサービスをホームステージングといわれています。

中古物件が多い米国不動産業界では、数十年前からホームステージングの手法が取り入れられ、ホームステージャーという職業として確立し、現在ではなくてはならない存在で多数のホームステージャーが活躍しています。

日本でも、今後増えていく中古物件においては、資産価値の低下による空き室の増加が予想され、このホームステージングの手法は日本の不動産業界においても必要不可欠になる時代がきていると言えます。

しかし、米国とは住環境の違い等があり、そのまま取り入れるのは難しいという観点から、日本独自のホームステージングが出来ないかと考えました。

実はすでに、お客様の方から、「内見をしたいが、片づいていないので、きれいに見えるように、片づけてくれないか？」という依頼がきていたのです。

本書にも書いていますが、モノが多くて片づけられない家が近年急速に増加している現場を認識していました。また、空家などの残地家財の回収の依頼も多くなってきていました。

そこで、サマンサネットでは住宅の流通を活性化するため日本の住環境に合わせた独自の住宅空間を演出するホームステージングの普及と人材育成を目的とした一般社団法人　日本ホームステージング協会を設立することになりました。

一般社団法人日本ホームステージング協会
代表理事　杉之原冨士子

杉之原冨士子（すぎのはら ふじこ）

1957年茨城県生まれ　東京家政大学　家政学部卒業。結婚後、12年間専業主婦。子どもが小学校入学を機に運送会社にパート勤務。引越し営業を経て、引越し梱包サービスをはじめる。現場で片づけに悩んでいるお客様を目の当たりにし、整理収納の重要性を痛感し、整理収納アドバイザー1級、マスターライフオーガナイザー、遺品整理士を取得。2011年8月株式会社サマンサネット法人設立、代表取締役。
一般社団法人日本ホームステージング協会代表理事。

株式会社サマンサネット

引越し、リフォーム時の梱包・開梱、整理・収納、リサイクル、家財回収などをトータルサポート。メモリアルおかたづけ（遺品整理）、シニアにやさしいおかたづけ（生前整理）
現場からお客様の声を届ける企業向セミナー、集客セミナー多数、片づけが分かりやすく理解できる体験型セミナー『おかたづけレッスン』主催。

■株式会社サマンサネット
http://www.samanthanet.com/

■おかたづけレッスン
http://www.samanthanet.com/services/seminar/okatazukelesson/

片付かない！ どうする我が家、親の家 ―ミドル世代の暮らし替え整理術

発行日　2013年 9月　初版
　　　　2018年 5月　3刷

著　者　杉之原冨士子（すぎのはら ふじこ）
監　修　一般社団法人日本ホームステージング協会
発行人　河西保夫
発　行　株式会社クラブハウス
本社〒151-0051　東京都渋谷区千駄ヶ谷 3-13-20-1001
（編集室：杉並区高円寺南 4-19-2　クラブハウスビル 3F）
TEL 03-5411-0788（代表）　FAX 050-3383-4665
http://clubhouse.sohoguild.co.jp/

編集協力　伊藤淳子　河西麻衣　野口幸恵（サマンサネット）
装丁・本文デザイン　清原一隆（KIYO DESIGN）
本文DTP　KIYO DESIGN
イラスト　小林未歩
印　刷　平河工業社

ISBN978-4-906496-49-5